PUCCINI: TOSCA

Opera en Tres Actos

Traducción al Español y Comentarios
por E. Enrique Prado

Libreto por Giuseppe Giacosa y Luigi Illica
Basado en Una Obra Teatral de Victorien Sardou

Jugum Press

ISBN-13: 978-1-939423-72-6
ISBN-10: 1-939423-72-4

Impreso en los Estados Unidos de América
Publicado por Jugum Press
www.jugumpress.com

Cubierta de libro:
Página de título de la primera edición de la partitura de piano, publicada por G. Ricordi
y foto de estudio de Composer Giacomo Puccini
de Wikimedia Commons – en.wikipedia.org
(en el dominio público en los Estados Unidos y otros países)

Edición y diseño:
Annie Pearson, Jugum Press
Consultas y correspondencia:
jugumpress@outlook.com

Índice

Prefacio ℬ Tosca

Tosca fue la quinta ópera compuesta por Puccini. Se estrenó en el Teatro Constanzi de Roma el 14 de Enero de 1900.

Para lograr la creación de *Tosca*, Ricordi el editor, Puccini e Illica el libretista, tuvieron varias reuniones con Victorien Sardou el autor de la pieza teatral, hasta que éste aceptó la propuesta y participó en la creación de la obra. Puccini invitó a su amigo Giuseppe Giacosa, para que también participara en la elaboración del libreto.

Los dos libretistas y Puccini se entendían bastante bién, pero cada vez que trabajaban juntos tenían dificultades ya que tanto Puccini como Illica eran de carácter violento y algunas veces no llegaron a las manos gracias a la intervención de Giacosa y algunas veces cuando la dificultad era entre los tres, Ricordi era el que actuaba como pacificador. Sardou insistía en que Floria *Tosca* debería de arrojarse al rio Tiber desde los muros del Castel Sant'Angelo solo que el rio no corre junto a la fortaleza, ante este hecho tuvo que abandonar su idea.

En varias ocasiones tanto Giacosa como Illica amenazaron con abandonar la composición de *Tosca* pero Ricordi que ya sabia que siempre "renunciaban" varias veces mientras trabajan para Puccini, los convence de continuar con el trabajo. Ciertamente trabajar con Puccini no era fácil ni para el editor ni para los libretistas, pero ellos sabían que ese hombre era un genio y como todos los genios era caprichoso, vanidoso y versátil.

Durante el estreno de *Tosca*, se produjo dentro del teatro el rumor de que iba a estallar una bomba, esto inquietó de sobremanera a los asistentes, pero cuando se dieron cuenta de que se trataba de una falsa alarma, las cosas se calmaron y la función continuó sin problemas. La reina, esposa del Rey Umberto estuvo presente en la función, aunque llegó en el segundo acto.

La popularidad de *Tosca* se extendió rápidamente a todos los países amantes de la ópera como Argentina, Estados Unidos, Australia y a todos los países europeos.

Existe una estadística incompleta de 1908 según la cual en los últimos 8 años *Tosca* había sido presentada en 53 teatros en Francia, 8 en Austria, 8 en Alemania, 12 en España y 3 en Suiza. Igual situación se dio en los teatros de Bulgaria, Rumania, Rusia, e Inglaterra. En Italia, *Tosca* se presentó en mas de 100 teatros en ese período.

Traducción y comentarios por:
E. Enrique Prado Alcalá

Sinopsis ⁊ Tosca

Acto I

Época: Junio de 1800 después de la victoria de Napoleón en Marengo.

Lugar: Roma—Iglesia de Sant'Andrea della Valle.

Cesare Angelotti Cónsul de la caída República Romana, ha escapado de la prisión de Castel Sant'Angelo y se refugia en la iglesia en donde su hermana la Marquesa Attavanti, le ha dejado algunas ropas de mujer en la capilla de la familia.

Mario Cavaradossi el pintor, amigo de Angelotti y simpatizante de la república, está pintando en la iglesia un cuadro de la Madonna. Angelotti sale de su escondite y saluda al pintor; en eso se escucha la voz de Tosca, famosa cantante de ópera. Amante de Mario a quien llama y lo acusa de tener un amorío con otra mujer, Mario la convence de que no es así y la cita para verse esa noche en la villa de éste. El escape de Angelotti es descubierto y se escucha el disparo de un cañón para dar la alarma. Cavaradossi decide esconderlo en el pozo de su villa, ambos salen rumbo a la casa del pintor.

Llega a la iglesia Scarpia el jefe de policía, famoso por ser corrupto y cruel. El sacristán ha descubierto un abanico perteneciente a la Marquesa Attavanti y se lo entrega al jefe de policía y le hace notar la premura con la que el pintor conocido republicano, salió de la iglesia, ante lo cual el funcionario sospecha de la asociación de Mario con el fugitivo.

Tosca regresa a la iglesia y para su sorpresa, Mario ya no está ahí y Scarpia le dice que al parecer. Su amante está con la Marquesa Attavanti ante lo cual la cantante se dirige a la casa de Mario para sorprenderlos. Scarpia hace planes para encarcelar a Cavaradossi y apropiarse de Tosca.

Acto II

En el Palacio Farnese, residencia de Scarpia.

Spoletta un esbirro de Scarpia, ha detenido a Cavaradossi y lo presenta ante Scarpia quien ha mandado llamar a Tosca.

Mario es llevado a la habitación contigua y es sometido a tortura y Tosca al escuchar sus gritos de dolor revela el lugar en donde se encuentra escondido Angelotti.

Tosca le ruega a Scarpia que le perdone a vida al pintor y le dice que ella está dispuesta a pagar cualquier precio por ello.

Llega Spoletta a informar que Angelotti se ha suicidado, Scarpia píde como requisito para perdonar al pintor, que Tosca se le entregue y ella acepta el trato. Scarpia entonces ordena una ejecución fingida de Cavaradossi y firma un salvoconducto para que la pareja pueda salir de Roma por la puerta de Civitavechia.

Cuando Scarpia intenta abrazar a Tosca, ésta lo apuñala con un cuchillo y le causa la muerte.

Tosca recoge el salvoconducto y como es muy religiosa, le coloca dos candelabros encendidos a los lados del cuerpo y un crucifijo sobre el pecho.

Acto III

En el Castel Sant'Angelo.

Al amanecer, Cavaradossi es llevado al lugar de su ejecución, llega Tosca y le explica que va a ser un fusilamiento fingido y que ya tiene un salvoconducto para salir de Roma.

El pelotón de fusilamiento dispara sobre Mario y Tosca se aproxima y se dá cuenta de que está muerto. Mientras tanto ya encontraron el cadáver de Scarpia y Spoletta y algunos soldados corren a arrestar a la cantante quién se lanza al vacio desde el parapeto del castillo.

FIN

Reparto ℘ Tosca

TOSCA – Famosa cantante, Soprano dramática

MARIO CAVARADOSSI – Pintor, Tenor Lírico

BARÓN SCARPIA – Jefe de policia de Roma, Barítono

CESARE ANGELOTTI – Dicidente, Bajo

EL SACRISTÁN – Barítono

SPOLETTA – Funcionario de policia, Tenor

SCIARRONE – Funcionario de policía, Bajo

UN CARCELERO – Bajo

UN PASTOR – Voz de niño

Coro de Niños

Libreto ɞ Tosca

Acto I

La Iglesia de Sant'Andrea della Valle.
A la derecha la Capilla Attavanti, a la izquierda un estrado y sobre él un gran cuadro cubierto con un lienzo,
una canasta y los utensilios utilizados por el pintor.
Angelotti entra corriendo agrietado por una puerta lateral.
Viste ropas desgarradas, se le nota exhausto y tiembla de miedo.

ANGELOTTI

Ah! Finalmente!	1.	¡Ah! ¡Finalmente!
Nel terror mio stolto		¡En mi loco terror veo caras
vedea ceffi di birro in ogni volto!		de policía en todos los rostros!

Suspira con alivio cuando vé la pila del agua bendita y el bulto de Maria Magdalena.

La pila, la colonna...	La pila, la columna...
"A pie della Madonna"	"Al pie de la Madona"
mi scrisse mia sorella.	me escribió mi hermana.

El se acerca a la columna y busca ansiosamente hasta encontrar
al pie de la Madona la llave que le dejó su hermana.

Ecco la chiav, ed ecco la Capella!	¡La llave, y la Capilla!

Corre hacia la capilla, abre la cerradura con la llave y entra cerrando la puerta detrás de él. Entra el
sacristán, lleva un manojo de pinceles, sube al estrado mientras habla en voz alta.

SACRISTÁN

E sempre lava!	2.	¡Siempre lavando!
Ogni pennello e sozzo		¡Todos los pinceles están sucios
peggio d'un collarin d'uno		peor que el cuello de un cura pobre!
scagnozzo!		Señor pintor...
Signor pittore...		

11

Mira hacia arriba del estrado y se sorprende de verlo vacío.

SACRISTÁN (*continuato*)
To! Nessuno!
Avrei guirato che fosse ritornato
il cavalier Cavaradossi.

(*continuó*)
¡No hay nadie!
Hubiera jurado que había retornado
el señor Cavaradossi.

El sube al estrado y mira dentro de la canasta.

No, sbaglio. Il paniere è intatto.

Me equivoqué. La canasta está intacta.

Baja del estrado, se escucha el Angelus y el sacristán se arrodilla y reza:

Angelus Domini nuntiavit Mariae
Et concepit de Spiritu Sancto.
Ecce ancilla Domini
fiat mihi secundum verbum tuum
Et verbum caro factum est.
Et habitavit in nobis.

Angelus Domini nuntiavit Mariae
Et concepit de Spiritu Sancto.
Ecce ancilla Domini
fiat mihi secundum verbum tuum
Et verbum caro factum est.
Et habitavit in nobis.

Entra Cavaradossi por la puerta lateral.

CAVARADOSSI
Che fai?

3.   ¿Que haces?

Cavaradossi sube al estrado y descubre la pintura, que muestra a Maria Magdalena.
Ella tiene grandes ojos azules y una hermosa cabellera rubia.
El pintor permanece extrasiado mientras la mira.
El sacristan también la mira y exclama sorprendido:

SACRISTÁN
Recito l'Angelus.

4.   Recito el Ángelus.

SACRISTÁN
Sante ampolle! Il suo ritratto!

5.   ¡Santo Dios! ¡Es su retratto!

CAVARADOSSI
Di chi?

6.   ¿De quién?

SACRISTÁN
Di quell'ignota che i di passati
a pregar qui venia
tutta devota e pia.

7.   De la desconocida que en días
pasados a rezar aqui venía
devota y pía.

CAVARADOSSI

E vero.
E tanto ell'era infervorata nella
sua preghiera ch'io ni pinsi,
non visto, il bel sembiante.

8.

Es verdad.
Y en tanto ella rezaba fervorosa
su plegaria yo pinté,
su bello semblante.

SACRISTÁN

Fuori, Satana, fuori!

9.

¡Fuera, Satán, fuera!

CAVARADOSSI

Dammi i colori.

10.

Dame las pinturas.

El sacristán se las dá, Cavaradossi pinta rápidamente, deteniéndose con frecuencia para mirar su trabajo, mientras el sacristán va y viene, tomando los pinceles para lavarlos en una olla al pie del estrado.

Súbitamente Cavaradossi deja de pintar, y extrae de su bolsillo un medallón una miniatura dentro, luego la mira comparándola con el cuadro.

CAVARADOSSI

Recondita armonia
di bellezze díverse!
E bruna Floría,
l'ardente amante mia.

11.

¡Recondita armonia
de differente bellezza!
Es morena Floria,
la ardiente amante mia.

SACRISTÁN

Scherza coi fanti e lascia stare
i santi!

12.

¡Juega con los hombres y deja
en paz a los santos!

CAVARADOSSI

E te beltade ignota,
cinta di chiome bionde
tu azzurro hai l'occhio
Tosca ha l'occhio nero.

13.

Y tu beldad desconocida,
coronada con rubia cabellera
tienes los ojos azules
Tosca tiene los ojos negros.

SACRISTÁN

Scherza coi fanti e lascia stare
i santi!

14.

¡Juega con los hombres y deja
en paz a los santos!

CAVARADOSSI

L'arte nel suo mistero
le diverse bellezze insiem confonde;
ma nel ritrar costei
il mio solo pensiero,
ah! il mio sol pensier sei tu,
Tosca, sei tu.

15.

El arte en su misterio
confunde a las diferentes bellezas;
pero al pintar a ésta mujer
mi único pensamiento,
mi único pensamiento eres tu,
Tosca eres tu.

SACRISTÁN
Queste diverse gonne
che fanno concorrenza alle Madonne
mandan tanto d'inferno
Scherza coi fanti
e lascia stare i santi.
Ma con quei cani di Volterriani,
nemici del santissimo governo,
non c'e da metter voce.
Scherza coi fanti
e lascia stare i santi.

Già sano impenitenti tutti quanti!
Facciam piutosto il segno della croce.

Eccellenza, vado.

CAVARADOSSI
Fá il tuo píacere.

SACRISTÁN
Pieno è il paniere.
Fa penitenza?

CAVARADOSSI
Fame non ho.

SACRISTÁN
Oh, mi rincrece!

Pone la canasta a un lado y toma dos porciones de tabaco.

Badi, quand'esce, chiuda.

CAVARADOSSI
Va!

SACRISTÁN
Vo.

CAVARADOSSI
Gente lá dentro!

16. Esas diversas vestimentas
que tiene la Madona
huelen como el infierno
Juega con los hombres
y deja en paz a los santos.
Pero con esos canes de Voltaire,
enemigos del santísimo gobierno,
no se puede hablar.
Juega con los hombres
y deja en paz a los santos.

¡Si ellos son impenitentes!
Nosotros hagamos la señal de la cruz.
(A Cavaradossi)
Excelencia, me voy.

17. Como gustes.

18. La canasta está llena.
¿Estás ayunando?

19. No tengo hambre.

20. ¡Discúlpame!

Recuerda, cerrar cuando salgas.

21. ¡Vete!

22. Me voy.

23. ¡Hay gente adentro!

*Angelotti aterrorizado, no sale de la capilla,
pero luego reconoce a Cavaradossi y avanza hacia él extendiendo los brazos.*

ANGELOTTI
Voi! Cavaradossi!
Vi manda iddio!
Non mi ravisate?
Il carcere m'ha dunque assai mutato?

24.

¡Tu! ¡Cavaradossi!
¡Dios te envía!
¿No me reconoces?
¿Tanto me ha cambiado la cárcel?

Cavaradossi lo reconoce y baja del estrado, mientras Angelotti, mira a su alrededor vigilante.

CAVARADOSSI
Angelotti!
Il console della spenta república romana!

25.

¡Angelotti!
¡El cónsul de la extinta República Romana!

Corre a cerrar la puerta lateral.

ANGELOTTI
Fugi pur ora dal Castel Sant'Angelo.

26.

Me fugué del Castel Sant'Angelo.

CAVARADOSSI
Disponete di me.

27.

Estoy para servirte.

TOSCA
Mario!

28.

(Desde afuera)
¡Mario!

CAVARADOSSI
Celatevi! E una donna gelosa!
Un breve istante e la rimando.

29.

¡Escóndete! ¡Es una dama celosa!
En un momento la despido.

TOSCA
Mario!

30.

¡Mario!

CAVARADOSSI
Eccomi!

31.

¡Aqui estoy!

ANGELOTTI
Sono stremo di forze,
piu non reggo.

32.

Estoy al final de mis fuerzas,
ya no resisto más.

Cavaradossi rápidamente sube al estrado, baja la canasta y se la entrega a Angelotti.

CAVARADOSSI
Il questo panier vle cibo e vino.

33.

Aqui hay comida y vino.

ANGELOTTI
Grazie!

34.

¡Gracias!

CAVARADOSSI
Presto!

35. ¡Rápido!
(Lo empuja hacia la capilla.)

ANGELOTTI
Grazie!

36. ¡Gracias!

CAVARADOSSI
Presto!

37. ¡Rápido!
(Angelotti entra en la capilla.)

TOSCA
Mario! Mario! Mario!

38. ¡Mario! ¡Mario! ¡Mario!

CAVARADOSSI
Son qui!

39. ¡Aquí estoy!

Abre la puerta con fingida calma, ella entra abruptamente mirando con sospecha hacia todos lados, Mario trata de abrazarla, pero ella lo rechaza con violencia.

CAVARADOSSI
Perché chiuso?

40. ¿Porque está cerrado?

CAVARADOSSI
Lo vuole el sagrestano.

41. Lo quiere el sacristán.

TOSCA
A chi parlavi?

42. ¿A quien le hablabas?

CAVARADOSSI
A te.

43. A ti.

TOSCA
Altre parole bisbigliavi.
Ov'e?

44. Murmurabas otras palabras.
¿En donde está?

CAVARADOSSI
Chi?

45. ¿Quién?

TOSCA
Colei! Quella donna!
Ho udito i lesti passi
e un fruscio di vesti.

46. ¡Ella! ¡Esa mujer!
He escuchado los pasos presurosos
y un roce de su vestido.

CAVARADOSSI
Sogni!

47. ¡Estás soñando!

TOSCA
Lo neghi?

48. ¿Lo niegas?

CAVARADOSSI
Lo nego e t'amo!

49. ¡Lo niego y te amo!
(*Trata de besarla.*)

TOSCA
Oh! Innanzi la Madonna.
No, Mario mio, lascia pria che
la preghi, che l'infiori.

50. Oh! Enfrente de la Madona.
No, Mario, deja que primero
le rece y le ofrezca estas flores.

Ella va hasta la imagen de la virgen y le deposita cuidadosamente las flores que le ha traído.
Se arrodilla y reza devotamente. Mario ha regresado a su trabajo.

Ora stammi a sentir, stasera canto,
ma è spettacolo breve.
Tu m'aspetti sull'uscio della scena
e alla tua villa andiam soli soletti.

Ahora escúchame, ésta noche canto,
pero es un espectáculo breve.
Tú me esperas a la salida del escenario
e iremos a tu villa juntos.

CAVARADOSSI
Stasera?

51. ¿Esta noche?

TOSCA
E luna piena
e il notturno effluvio floreal
inebria il cor.
Non sei contento?

52. Es luna llena
y el floral perfume nocturno
embriaga el corazón.
¿No estás contento?

CAVARADOSSI
Tanto!

53. ¡Mucho!

TOSCA
Tornalo a dir!

54. ¡Dilo otra vez!

CAVARADOSSI
Tanto!

55. ¡Mucho!

TOSCA
Lo dici male, lo dici male.
Non la sospiri la nostra casetta che
tutta ascosa nel verde ci aspetta?
Nido a noi sacro, ignoto
al mondo inter.

56. No lo digas asi, no lo digas asi.
¿No suspiras por nuestra casita que
escondida nos espera entre los arboles?
Nido sagrado desconocido para
el mundo entero.

TOSCA (*continuato*)
Pien d'amore e di mister.
Al tuo fianco sentire
per le silenziose stellate ombre
salir le voci delle cose!
Dai boschi e dai roveti,
dall'arse erbe
dall'imo dei franti sepolcreti
odorsi di timo,
la notte escon bisbigli
di minuscoli amori
e perfidi consigli
che ammolliscono i cuori
Fiorite, o campi immensi
palpitate, aure marine
aure marine nel lunare albor.
Ah, piovete voluttà, volte stellate.
Arde in Tosca un folle amor!

CAVARADOSSI
Ah! M'avvinci nei tuoi lacci mia sirena!

TOSCA
Arde a Tosca nel sangue il folle amor!

CAVARADOSSI
Mia sirena verrò!

TOSCA
O mio amore!

CAVARADOSSI
Or lasciami al lavoro.

TOSCA
Mi discacci?

CAVARADOSSI
Urge l'opra, lo sai!

TOSCA
Vado, vado!

(*continuó*)
Lleno de amor y de misterio.
¡Oír a tu lado
las silenciosas sombras
y las voces de todas las cosas!
Del bosque y de las ramas,
de la frescas hierbas
de la profundidad de las tumbas
aromas de tomillo,
que en la noche murmuran
sobre amores minúsculos
y pérfidos consejos
que ablandan los corazones
Florecen, los campos inmensos
palpitan las brisas marinas
las brisas marinas en el fulgor lunar.
Ah, llueven deseos, vuelan las estrellas.
¡Arde en Tosca un loco amor!

57. ¡Me atrapaste en tus lazos sirena mia!

58. ¡Arde en Tosca el loco amor!

59. ¡Iré, sirena mia!

60. ¡Oh, mi amor!

61. Ahora déjame trabajar.

62. ¿Me estás despidiendo?

63. ¡Urge la obra, tu lo sabes!

64. ¡Me voy, me voy!

Ella se retira un poco de Cavaradossi, luego, se vuelve a verlo, mira el cuadro y corre de nuevo hacia él.

TOSCA (continuato)
Chi è quella donna bionda lassú?

(continuó)
¿Quien es esa rubia mujer?

CAVARADOSSI
La Maddalena. Ti piace?

65.

La Magdalena. ¿Te gusta?

TOSCA
E troppa bella!

66.

¡Es muy bella!

CAVARADOSSI
Prezioso elogio!

67.

¡Precioso elogio!

TOSCA
Ridi?
Quegli occhi cilestrini già li vidi.

68.

¿Te ries?
Yo he visto esos ojos azules.

CAVARADOSSI
Ce n'è tanti pel mondo!

69.

¡Hay tantos en el mundo!

TOSCA
Aspetta...aspetta...
E l'Attavanti!

70.

Espera...espera...
¡Es la Attavanti!

CAVARADOSSI
Brava!

71.

¡Bién dicho!

TOSCA
La vedi? T'ama? Tu l'ami?

72.

¿La ves? ¿Te ama? ¿Tu la amas?

CAVARADOSSI
Fu puro caso.

73.

Fué pura casualidad.

TOSCA
Quei passi, e quel bisbiglio.
Ah! Qui stava pur ora.

74.

Esos pasos y ese murmullo.
Ah! Aqui estaba ella.

CAVARADOSSI
Vien via!

75.

¡Oh! ¡Por favor!

TOSCA
Ah, la civetta! A me! A me!

76.

¡Ah, la coqueta! ¡Hacerme eso!

CAVARADOSSI
La vidi ieri ma fu puro caso
A pregar qui venne,
non visto la ritrassi.

TOSCA
Giura!

CAVARADOSSI
Giuro!

TOSCA
Come mi guarda fiso!

CAVARADOSSI
Vien, via!

TOSCA
Di me, beffarda, ride.

CAVARADOSSI
Follia!

TOSCA
Ah, quegli occhi...

CAVARADOSSI
Qual'occhio al mondo può star
di paro all'ardente occhio tuo nero?
E qui che l'esser mio s'affisa intero.
Occhio all'amor soave,
all'ira fiero.
Qual'altro al mondo può star di
paro all'occhio tuo nero?

TOSCA
Oh, come la sai bene
l'arte di farti amare!
Ma, falle gli occhi neri!

CAVARADOSSI
Mia gelosa!

77. La vi ayer, por casualidad
Viene aqui a rezar, y sin que
se diera cuenta la retraté.

78. ¡Júralo!

79. ¡Lo juro!

80. ¡Como me mira!

81. ¡Por favor!

82. Se está burlando de mi.

83. ¡Locura!

84. Ah, esos ojos...

85. ¿Cuales ojos en el mundo pueden
estar a la par con tus ardiente negros?
Eso es lo que fija a mi ser entero.
Ojos que son suaves en el amor
y feroces en la ira.
¿Cuales ojos en el mundo pueden
compararse con tus ojos negros?

86. *(Apoyando su cabeza en al hombro de Mario.)*
¡Tu sabes muy bien
el arte de hacerte amar!
¡Pero pinta sus ojos negros!

87. ¡Celosa mia!

TOSCA
Si, lo sento, ti tormento
senza posa.

CAVARADOSSI
Mia gelosa!

TOSCA
Certa sono del perdono...
se tu guardi al mío dolor.

CAVARADOSSI
Mia Tosca idolatrata
ogni cosa in te mi píace;
l'ira audace e lo spasimo d'amor!

TOSCA
Certa sono del perdon
se tu guardí al mío dolor.
Dílla ancora
la parola che consola,
dílla ancora!

CAVARADOSSI
Mía vita amante inquieta
dirò sempre: "Floria t'amo".
Ah l'alma acquieta
sempre "t'amo" ti dirò!

TOSCA
Dio! Quante peccata!
M'hai tutta spettinata.

CAVARADOSSI
Or va, lasciami!

TOSCA
Tu fino a stasera stai fermo al lavoro.
E mi prometti, sia caso o fortuna
sia treccia bionda o bruna
a pregar non verrá donna nessuna...

88. Si, siento que siempre te atormento
sin razón.

89. ¡Celosa mia!

90. Estoy segura de tu perdón...
si tu miras mí dolor.

91. ¡Mí Tosca idolatrada
todo lo tuyo me gusta;
tu ira audaz y tu dolor de amor!

92. Estoy segura del perdón
si tu miras mi dolor.
¡Di otra vez
la palabra que consuela
dila otra vez!

93. Vida mía, amante inquieta
diré siempre: "Floria te amo".
¡Ah, calma tu alma
siempre "te amo" te diré!

94. *(Separándose de él)*
¡Dios! ¡Que pecado!
Me has despeinado.

95. ¡Ahora vete, déjame!

96. Quédate a trabajar hasta esta noche.
Y prométeme que ni por casualidad
vendrá a rezar ni rubia ni
morena ni ninguna otra mujer...

CAVARADOSSI
Lo giuro amore.
Va!

TOSCA
Quanto m'affretti!

CAVARADOSSI
Ancora?

TOSCA
No, perdona.

CAVARADOSSI
Davanti la Maddona?

TOSCA
E tanto buona!

Ma falle gli occhi neri!

*Tosca se retira. Cavaradossi, entreabre la puerta y al comprobar que no hay nadie,
corre hacia la capilla, aparece Angelotti y ambos se estrechan las manos calurosamente.*

CAVARADOSSI
E buona la mia Tosca, ma credente
al confesor nulla tiene celato.
Ond'io mi tacqui
E cosa piu prudente.

ANGELOTTI
Siam soli?

CAVARADOSSI
Si, qual'e il vostro disegno?

ANGELOTTI
A norma degli eventi, uscir di Stato,
o star celato in Roma.
Mia sorella—

CAVARADOSSI
L'Attavanti?

97. Lo juro amor.
¡Vete!

98. ¡Cuanto me apuras!

99. ¿Vas a comenzar otra vez?

100. No, perdóname.

101. ¿Enfrente de la Madona?

102. ¡Es tan buena!
(Se besan)
¡Pero pinta sus ojos negros!

103. Es buena mi Tosca, pero es creyente
y al confesor no le oculta nada.
Entonces, yo me callo
es lo mas prudente.

104. ¿Estamos solos?

105. ¿Si, cual es tu plán?

106. Según los eventos, salir del estado,
o esconderme en Roma.
Mi hermana—

107. ¿La Attavanti?

ANGELOTTI

Si. Ascose un muliebre abbigliamento
lá sotto l'altare.
Vesti, velo, ventaglio.
Appena imbruni indosserò quei panni.

108. Si, escondió ropas de mujer
allá debajo del altar.
Vestido, velo, abanico.
En cuanto obscurezca, me los pondré.

CAVARADOSSI

Or comprendo!
Quel fare circospetto e il pregante fervore
in giovin donna e bella
m'avean messo in sospetto
di qualche occulto amor!
Or comprendo-era
amor di sorella!

109. ¡Ahora comprendo!
¡La cautela y las plegarias fervorosas
de la joven y bella mujer
me hicieron caer en sospechas
de un ilícito amor!
¡Ahora lo comprendo-era
amor de hermana!

ANGELOTTI

Tutto ella ha osato
onde sottrarmi a Scarpia scelrato.

110. Ella se ha atrevido a todo
para sustraerme del villano Scarpia.

CAVARADOSSI

Scarpia? Bigotto satiro
che affina colle devote pratiche
la foia libertina.
E strumento al lascivo talento
fa il confessore e il boia!
La vita mi costasse, vi salverò!
Ma indugiar fino a notte è mal sicuro.

111. ¿Scarpia? Maldito santurrón
que afina con su religiosidad
su libertina lujuria.
¡Y hace instrumento de su lascivo
talento, al confesor y al verdugo!
¡Aunque me cueste la vida, te salvaré!
Pero esperar hasta la noche no es seguro.

ANGELOTTI

Temo del sole.

112. Le temo a la luz del dia.

CAVARADOSSI

La Cappella mette a un orto mal chiuso,
poi c'e un canneto che
va lungi pei campi a una mia villa.

113. La capilla dá a un huerto, no está cerrado,
después hay un matorral que corre hacia
el campo y llega a mi villa.

ANGELOTTI

M'e nota.

114. Lo sé.

CAVARADOSSI

Ecco la chiave.
Innanzi sera io vi raggiungo
Portate con voi le vesti femminili.

115. Aquí está la llave.
Mas tarde te alcanzo
Lleva la ropa femenina.

Angelotti va a recoger las ropas.

ANGELOTTI
Ch'io le indossi?

116.   ¿Me las pongo?

CAVARADOSSI
Per ora non conta, il sentiero e deserto.

117.   Por ahora no el sendero está desierto.

ANGELOTTI
Addio!

118.   ¡Adios!

CAVARADOSSI
Se urgesse il periglio
correte al pozzo del giardin
l'aqua 'e nel fondo
ma a mezzo de la canna
un piccol varco guida ad un antro oscuro,
rifugio imprenetrabile e sicuro.

119.   Si surge el peligro
corre al pozo del jardín
hay agua en el fondo
pero a la mitad del tiro
una abertura lleva a una cueva obscura,
refugio impenetrable y seguro.

Se escucha un disparo de cañón.

ANGELOTTI
Il cannon del castello!

120.   ¡El cañón del castillo!

CAVARADOSSI
Fu scoperta la fuga!
Or Scarpia i suoi sbirri
sguinzaglia!

121.   ¡Fué descubierta la fuga!
¡Ahora Scarpia va a soltar
a sus esbirros!

ANGELOTTI
Addio!

122.   ¡Adios!

CAVARADOSSI
Con voi vérrò.
Staremo all'erta!

123.   Iré contigo.
¡Estaremos alerta!

ANGELOTTI
Odo qualcun!

124.   ¡Oigo a alguien!

CAVARADOSSI
Se ci assalgon, battaglia!

125.   ¡Si nos atacan, pelearemos!

Ellos corren atreves de la capilla. Entra el sacristán muy agitado. Buscando al pintor.

SACRISTÁN
Sommo giubilo. Eccellenza!
Non c'e piu! Ne son dolente!
Chi contrista un miscredente
si guadagna un'indulgenza.

126.
Gran júbilo. ¡Excelencia!
¡No esta! ¡Lo siento!
Quien tolera a un no creyente
se gana una indulgencia.

Súbitamente por todas partes entran corriendo, acólitos, clérigos y cantantes del coro.

Tutta qui la cantoria!
Presto!

¡Aquí está todo el coro!
¡Rápido!

CORO
Dove?

127. ¿En donde?

SACRISTÁN
In sagrestia.

128. En la sacristía.

CORO
Ma che avvene?

129. ¿Pero que pasó?

SACRISTÁN
Nol sapete?
Bonaparte, scellerato,
Bonaparte...

130.
¿No lo saben?
El villano Bonaparte
Bonaparte...

CORO
Ebben, che fú?

131. ¿Y bien, que pasó?

SACRISTÁN
Fu spennato, sfracellato
e piombato a Belzebú!

132.
¡Fué expulsado, aplastado
y arrojado a Belcebú!

CORO
Chi lo dice?
E sogno! E fola!

133.
¿Quién lo dice?
¡Son sueños! ¡Fábulas!

SACRISTÁN
E verídica parola!
Or ne giunge la notizia.

134.
¡Es palabra verídica!
He recibido la noticia.

CORO
Si, festeggí la vittoría!

135. ¡Festejemos la victoria!

SACRISTÁN

E questa será gran fiaccolata
veglía di gala a Palazzo Farnese
ed un' apossita nuova cantata
con Floria Tosca.
E nelle chiese inni al Signor!
Or via a vestirvi, non piu clamor!
Via! Via! In sagrestia!

CORO

Doppio soldo! *Te Deum, Gloria!*
Viva il Re!
Si festeggi la vittoria!
Questa sera gran fiaccolata!

SACRISTÁN

Or via a vestirvi!

CORO

Serata di gala!
Si festeggi la virttoria!

136. Esta será una gran procesión
con antorchas y una fiesta de gala
en el Pa1azzo Farnese y
una nueva cantata con Floria Tosca.
¡Y en las iglesias himnos al Señor!
¡Ahora vayan a vestirse, no hagan mas ruido!
¡Vayan a la sacristia!

137. ¡Doble paga! ¡*Te Deum* y *Gloria!*
¡Viva el Rey!
¡Si, festejemos la victoria!
¡Esta será una gran procesión!

138. ¡Ahora, a vestirse!

139. ¡Fiesta de gala!
¡Festejemos la victoria!

*De pronto Scarpia aparece en la puerta, seguido por Spoletta y algunos de sus agentes.
Al verlo, todos se detienen como por arte de magia, pálidos y atemorizados.*

SCARPIA

Un tal baccano in chiesa!
Bel rispetto!

SACRISTÁN

Eccelenza, il gran giubilo...

SCARPIA

Apprestate per il *Te Deum.*

140. ¡Que escándalo en la iglesia!
¡Bonito respeto!

141. Excelencia, el grán júbilo...

142. Alístense para el *Te Deum.*

Todos se alejan, el sacristán trata de alejarse pero Scarpia lo toma por las ropas.

SACRISTÁN

Non mi muovo.

SCARPIA

E tu, va fruga ogni angolo
raccogli ogni traccia.

143. No me muevo.

144. *(A Spoletta)*
Tu registra todos los lugares
recoge cualquier pista.

SPOLETTA

Sta bene.

145. Está bién.

SCARPIA

Occhio alle porte, senza dar sospetti.

146. (*A los otros esbirros*)
Cuiden la puerta sin despertar sospechas.
(*Al sacristán*)

Ora a te, pesa le tue risposte.
Un prigioner di Stato
fuggi pur ora da Castel Sant'Angelo
S'e refugiato qui.

Ahora tu, pesa tus respuestas
Un prisionero de Estado se
ha escapado del Castel Sant'Angelo,
se ha refugiado aqui.

SACRISTÁN

Misericordia!

147. ¡Misericordia!

SCARPIA

Forse c'e ancora
Dov'e la Capella degli Attavanti?

148. Quizás está aun aquí.
¿Donde está la capilla de los Attavanti?

SACRISTÁN

Eccola!

149. ¡Allí está!

Va hacia la puerta de la capilla y la encuentra entreabierta.

Aperta! Arcangeli!
E un altra chiave!

¡Abierta! ¡Arcángeles!
¡Y hay otra llave!

SCARPIA

Buon indizio.
Entriamo.

150. Buen indicio.
Entremos.

Entran a la capilla y Scarpia encuentra un abanico cerrado.

Fu grave sbaglio quel colpo di cannone.
Il mariolo spicatto ha il volo
ma lasciò una preda preziosa;
    un ventaglio.
Qual complice il misfatto preparò?

Fué un grave error disparar el cañón.
El muy pillo ha alzado el vuelo
pero dejó un trofeo precioso,
    un abanico.
¿Cual cómplice lo ayudó?

Se queda pensativo, estudiando el abanico.

La Marchesa Attavanti! Il suo stemma!

¡La Marquesa Attavanti! ¡Su blasón!

El mira a su alrededor, su mirada se detiene en el estrado y en la pintura de María Magdalena.

Il suo ritratto!
Chi fé quelle pitture?

¡Su retrato!
¿Quien hizo esa pintura?

SACRISTÁN
Il cavalier Cavaradossi.

SCARPIA
Lui!

SACRISTÁN
Numi! Il paniere!

SCARPIA
Lui! L'amante di Tosca!
Un uom sospetto! Un Volterrian!

SACRISTÁN
Vuoto? Vuoto!

SCARPIA
Che hai detto? Che fú?

SACRISTÁN
Si ritrovò nella Capella questo panier.

SCARPIA
Tu lo conosci?

SACRISTÁN
Certo!
E il cesto del pittor, ma, nondimeno...

SCARPIA
Sputa quello che sai.

SACRISTÁN
Io lo lasciai ripieno di cibo
prelibato, il pranzo del pittore!

SCARPIA
Avrá pranzato!

SACRISTÁN
Nella Capella? Non, ne avea la chiave,
ne contava pranzar. Disse egli stesso.
Ond'io l'avea già messo al riparo.

Libera me Domine.

---

151. El señor Cavaradossi.

152. ¡El!

153. *(Ve a un agente trayendo la canasta)*
¡Cielos! ¡La canasta!

154. ¡El, el amante de Tosca!
¡Un sospechoso! ¡Uno de Voltaire!

155. *(Viendo la canasta)*
¿Vacía? ¡Vacía!

156. ¿Que has dicho? ¿Que fué?

157. Se encontró en la capilla ésta canasta.

158. ¿La reconoces?

159. ¡Claro!
Es el cesto del pintor, pero...

160. Di lo que sabes.

161. ¡Yo la dejé llena de sabrosa
comida, es del pintor!

162. ¡Y se la comió!

163. ¿En la capilla? No, no tenia la llave,
ni quería comer, según lo dijo él mismo.
Por eso la puse a un lado.
(Para si)
Libera me Domine.

SCARPIA

Or tutto è chiaro:
la provvista del sacrista.
D'Angelotti fu la preda!

164.

Todo está claro ahora:
la comida del sacristán.
¡La comió Angelotti!

Entra Tosca en estado de excitación, va directamente al estrado
y al no encontrar a Cavaradossi se dirige hacia la nave a buscarlo.
Al verla, Scarpia se esconde detrás de un pilar.

Tosca? Che non mi veda.
Per ridurre un geloso allo sbaraglío.
Jago ebbe un fazzoletto,
ed io un ven taglio!

¡Tosca? Que no me vea.
Para hacer que un celoso se arrodillara.
¡Yago tenía un pañuelo,
y yo tengo un abanico!

TOSCA

Marío? Marío?

165.

¡Mario? ¡Mario?

SACRISTÁN

Il pittor Cavaradossi?
Chi sa dove sia?
Svani, sgattaiolo
per sua stregoneria.

166.

¿El pintor Cavaradossi?
¿Quien sabe en donde está?
Se desvaneció como
por arte de magia.

TOSCA

¡Ingannata?
No, no, tradirmi egli non può!

167.

¿Me está engañando?
¡No, no, me puede traicionar!

SCARPIA

Tosca divina,
la mano mia
la vostra aspetta piccola manina,
non per galanteria
ma per offrirvi l'aqua benedetta.

168.

Tosca divina,
la mano mía
espera a tu pequeña manita
no por galantería
sino para ofrecerte el agua bendita.

Tosca toca los dedos de Scarpia y se persigna.

TOSCA

Grazie signor.

169.

Gracias señor.

SCARPIA

Un nobile esempio è il vostro:
al cielo, piena di santo zelo,
attingete dell'arte il magistero
che la fede ravviva.

170.

Un noble ejemplo es el tuyo:
llena de santo fervor,
trae del cielo un arte
que reaviva la fé.

TOSCA
Bontá vostra.

171. Que amable.

Gente del pueblo comienza a entrar en la iglesia.

SCARPIA
Le pie donne son rare.
Voi calcate la scena
e in chiesa ci venite per pregar.

172. Las mujeres pías son raras.
Tu pisas el escenario
y vienes a la iglesia a rezar.

TOSCA
Che intendete?

173. ¿Que quieres decir?

SCARPIA
E non faté come certe sfrontate
che han di Maddalena

viso e costumi,
e vi trescan d'amore.

174. No te portas como ciertas des
fachatadas mujeres que visten
(Señalando el cuadro)
y se parecen a la Magdalena,
y vienen por asuntos de amor.

TOSCA
Che? D'amore?
Le prove, le prove!

175. ¿Que? ¿De amor?
¡La prueba, la prueba!

SCARPIA
E arnese di pittore questo?

(Mostrando el abanico)
176. ¿Es esto implemento de pintor?

TOSCA
Un ventaglio! Dove stava?

177. ¡Un abanico! ¿En donde estaba?

SCARPIA
Lá su quel palco.
Qualcun venne certo a sturbar
gli amanti, ed essa nel fuggir
perdé le penne!

178. Allá en el estrado.
¡Alguien vino e interrumpió
a los amantes y ella al huir
perdió sus plumas!

TOSCA
La corona! Lo stemma! E l'Attavanti!
Presago sospetto!

(Examinando el abanico)
179. ¡La corona! ¡El blasón!
¡Es la Attavanti! ¡Yo lo sospeché!

SCARPIA
Ho sortito l'effetto!

(Para si)
180. ¡Ha surtido efecto!

TOSCA

Ed io venivo a lui tutta dogliosa
per dirgli: invan stasera il ciel s'infosca.
L'innamorata Tosca è prigioniera.

181. *(Para si)*
Y yo venia toda adolorida
a decirle: Esta noche obsecrará en vano.
La enamorada Tosca es tu prisionera.

SCARPIA

Giá il veleno l'ha rosa.

182. *(Para si)*
Ya está trabajando el veneno.

TOSCA

...dei regali tripudi, prigionera.

183. ...prisionera de la alegría de la realeza.

Un grupo de pastores y de campesinas entra a la iglesia.

SCARPIA

O che v'offende, dolce signora?
Una ribelle lagrima scende
sovra le belle guancie e le irrora.
Dolce signora, che mai v'accora?

184. ¿Que te molesta dulce señora?
Una lágrima rebelde baja
por tu bella mejilla.
¿Dulce señora, que te aflige?

TOSCA

Nulla.

185. Nada.

Algunos señores nobles entran acompañando a algunas damas.

SCARPIA

Darei la vita per asciugar quel pianto.

186. Daría la vida por secar ese llanto.

TOSCA

Io qui mi struggo
e intanto d'altro in braccio
le mie smanie deride!

187. ¡Yo aqui me consumo
mientras él en brazos de otra
se burla de mi pena!

SCARPIA

Morde il veleno.

188. *(Para si)*
Muerde el veneno.

TOSCA

Dove son?
Potessi coglierli i traditori
Oh, qual sospetto!
Ai doppi amori è la villa ricetto
Traditor! Traditor!
Oh, mio bel nido insozzato di fango.
Vi piomberò inattesa.

Tu non l'avrai stasera. Giuro!

189. ¿En donde están?
Podría sorprender a los traidores.
¡Oh, qué sospecha!
Para esos amores, está la villa.
¡Traidor! ¡Traidor!
Mi bello nido ensuciado con fango.
Los sorprenderé.
(Se voltea amenazante hacia el cuadro.)
No la tendrás ésta noche. ¡Lo juro!

SCARPIA
In chiesa!

190. ¡En la iglesia!

TOSCA
Dio mi perdona.
Egli vede ch'io piango.

191. Dios me perdonará.
El vé que yo lloro.

Ella llora amargamente, Scarpia la sostiene fingiendo consolaria ella se retira.
La iglesia comienza a llenarse con gente.
Scarpia va hacia el pilar y hace una seña, Spoletta aparece inmediatamente.
La gente se agrupa atrás esperando la llegada del cardenal, algunos se arrodillan y rezan.

SCARPIA
Tre sbirri, una carrozza.
Presto, seguila dovunque vada
non visto, provvedi!

192. *(A Spoletta)*
Tres agentes, un carruaje
Rápido, síganla a donde vaya
que no los vea.

SPOLETTA
Sta bene.
Il convegno?

193. Está bién.
¿En donde nos encontraremos?

SCARPIA
Palazzo Farnese.
Va, Tosca!
Nel tuo cor s'annida Scarpia!

194. En el Palazzo Farnese.
¡Vete, Tosca!
¡En tu corazón anida Scarpia!

El cortejo que acompaña al cardenal aparece.
Los guardias suizos despejan el pasillo y la multitud se mueve hacia los lados.

Va, Tosca!
E Scarpia che scioglie a volo
il falco della tua gelosia.
Quanta promessa
nel tuo pronto sospetto!
Nel tuo cor s'annida Scarpia!
Va Tosca!

¡Vete Tosca!
Es Scarpia quien guía el halcón
de tus celos.
¡Cuánta promesa
en tu sospecha!
¡En tu corazón anida Scarpia!
¡Vete Tosca!

El se arrodilla al pasar el cardenal.
El cardenal bendice a la multitud que se arrodilla reverentemente.

CAPELLAN
Adjutorium nostrum in nomine Domini.

195. *Adjutorium nostrum in nomine Domini.*

LA MULTITUD
Qui fecit coelum et terram.

196. *Qui fecit coelum et terram.*

CAPELLAN

Sit nomen Domini benedictum.

197.   *Sit nomen Domini benedictum.*

LA MULTITUD

Et hoc nunc et usque in saeculum.

198.   *Et hoc nunc et usque in saeculum.*

SCARPIA

A doppia mira tendo il voler
né il cappo del ribelle
è la piu preziosa.
Ah, di quegli occhi vittoriosi
veder la fiamma illanguidir
con spasimo d'amor!
L'uno al capestro,
l'altra fra le mie braccia!

199.   Tengo un par de deseos
y la cabeza del rebelde
no es el mas preciado.
¡De esos ojos victoriosos
ver la flama languidecer
con espasmo de amor!
¡Uno al calabozo,
la otra entre mis brazos!

Toda la concurrencia mirando al altar mayor, muchos se hincan.

CORO

*Te Deum laudamus
te Dominum confitemur.*

200.   *Te Deum laudamus
te Dominum confitemur.*

SCARPIA

Tosca mi fai dimenticare Iddio!

201.   ¡Tosca me hace olvidar a Dios!

TODOS

Te aeternum Patrem omnis terra veneratur.

202.   *Te aeternum Patrem omnis terra veneratur.*

☙

Acto II

El Palazzo Farnesse. Habitación de Scarpia en la planta alta.
Una mesa está puesta. Una gran ventana da al patio principal del palacio.
Es de noche, Scarpia está cenando, con frecuencia mira la hora en su reloj, manifestando asi creciente ansiedad.

SCARPIA

Tosca è un buon falco.	203.	Tosca es un buen halcón.
Certo è quest'ora i miei segugi		¡Estoy seguro de que mis sabuesos
le due prede azzannano!		ya atraparon a sus dos presas!
Doman sul palco,		Mañana en el cadalso,
vedrá l'aurora Angelotti		verá la aurora a Angelotti
e il bel Mario al laccio pendere.		y al bello Mario de un lazo pender.

El llama con una campanilla, Sciarrone aparece.

Tosca è a palazzo?   ¿Está Tosca en el palacio?

SCIARRONE

(Señalando a la ventana)
Un ciambelan ne uscia pur ora in tracia.   204.   Un chambelán fué en su busca.

SCARPIA

Apri.   205.   Ábrela.

En el piso de abajo, la Reina está ofreciendo una fiesta en honor de Melas.
Se escuchan las notas de la orquesta.

Tarda è la notte.   Es tarde.
Alla cantata ancor manca la Diva   Aun la Diva
e strimpellan gavotte.   está ausente para la cantata.
                    (A Sciarrone)
Tu attenderai la Tosca in sull'entrata.   Esperarás a Tosca en la entrada.
Le diriai ch'io l'aspetto finita   Le dirás que la espero al terminar
la cantata. O meglio...   la cantata. O mejor...
                    (Va al escritorio y escribe una nota.)
le darai questo biglietto.   le darás esta nota.

Sciarrone sale, Scarpia regresa a la mesa y se sirve una copa.

SCARPIA (*continuato*)

Ella verrá...per amor del suo Mario!
Per amor del suo Mario al piacer
mio s'arrenderá.
Tal dei profondi amori
e la profonda miseria.
Ha piu forte sapore la conquista
che il mellifluo consenso.
Io di sospiri e di lattiginose albe
lunari poco m'appago.
Non so trarre accordi di chitarra
nè oroscopo di fior,
nè far l'occhio di pesce
o tubar come tortora!
Bramo. La cosa bramata perseguo
me ne sazio e via la getto,
volto a nuova esca.
Dio creò diverse beltá, vini diversi.
Io vo gustar quanto pui posso
dell'opra divina!

(*continuó*)

¡Ella vendrá...por el amor de su Mario!
Por el amor de su Mario
se rendirá a mis deseos.
La angustia de los grandes amores
es de las mas profundas.
La conquista violenta tiene
mas sabor que el suave consentimiento.
No me importan ni los suspiros
ni el brillo de la luna.
¡No puedo pulsar una guitarra
ni leer el horóscopo en las flores,
ni hacer ojos de borrego
ni arrullar como tórtola!
Yo persigo las cosas que deseo
y cuando me sacio las tiro
y busco nueva carnada.
Dios creó diversas beldades, diversos vinos.
¡Yo voy a probar todo lo que pueda
de la obra divina.

Bebe de la copa de vino.

SCIARRONE

Spoletta è giunto.

206. Llegó Spoletta.

SCARPIA

Entri. ln buon punto.

207. Que entre llega en buen momento.

Sciarrone, sale a llamarlo y regresa con él.

O galantuomo, come andò la caccia?

¡Bien, amigo, como estuvo la caza?

SPOLETTA

Sant'Ignacio m'aiuta!
Della signora seguimmo la traccia
Guinti a un' erma villeta
tra le fratte perduta, ella v'entrò
ne usci sola ben presto.
Allor scavalco lesto il muro del giardin
con miei cagnotti e piombo in casa.

208. ¡San Ignacio me ayuda!
De la señora seguimos la ruta
Llegamos a una villa solitaria
perdida entre la maleza,
y salió sola muy pronto.
Luego salté sobre el muro del jardín
con mis perros y entré a la casa.

SCARPIA

Quel bravo Spoletta!

209. ¡Bravo, Spoletta!

SPOLETTA
Fiuto, razzolo, frugo!

210. ¡Busqué y husmeé muy bien!

SCARPIA
Ahi! L'Angelotti?

211. ¡Ah! ¿Angelotti?

SPOLETTA
Non, s'e trovato!

212. ¡No se le encontró!

SCARPIA
Ah, cane! Ah! Traditore!
Ceffo di basilisco, alle forche!

213. ¡Ah, perro! ¡Ah! ¡Traidor!
¡Nido de serpientes, a la horca!

SPOLETTA
Gésu!
C'era il pittor...

214. ¡Jesús!
El pintor estaba allí...

SCARPIA
Cavaradossi?

215. ¿Cavaradossi?

SPOLETTA
Ei sa dove l'altro s'asconde
Ogni suo gesto, ogni accento,
tradia tal beffarda ironia,
ch'io lo trassi in arresto.

216. El sabe donde se esconde el otro,
sus gestos y su voz
lo traicionaron a tal punto
que lo arresté.

SCARPIA
Meno male!

217. ¡Menos mal!

SPOLETTA
Egli è lá.

218. (Indicando la antecámara)
Allí está él.

Scarpia camina de un lado a otro, pensando.
Atravesé de la ventana abierta se escucha la cantata del coro en la estancia de abajo.

CORO
Sale, ascende l'uman cantico
varca spazi, varca cieli;
par ignoti soli empirei
profetati dai vangeli,
a te giunge o re dei re!

219. ¡Sube, asciende el canto humano
abarcando el cielo y el espacio
atreves atravez de esferas desconocidas
como lo dijo la palabra
de Dios, llega a ti Rey de Reyes!

SCARPIA
Introducete il Cavalier.

220. Introduce al Caballero.

Sale Spoletta y Scarpia ordena a Sciarrone:

SCARPIA (continuato)
A me Roberti e il Giudice del Fisco.

(continuó)
Que vengan Roberti y el Juez.

Sciarrone sale, Scarpia se sienta a la mesa. Spoletta y tres agentes introducen a Cavaradossi,
luego entran Roberti el encargado de la cámara de tortura, el juez, un agente y Sciarrone.

CAVARADOSSI
Tal violenza!

221. ¡Cuánta violencia!

SCARPIA
Cavalier, vi piaccia accomodarvi.

222. Caballero, por favor siéntese.

CAVARADOSSI
Vo'saper...

223. Quiero saber...

SCARPIA
Sedete.

224. Siéntate.

CAVARADOSSI
Aspetto.

225. Espero de pié.

SCARPIA
E sia!

226. ¡Bien!

CORO, TOSCA
Questo canto voli a te!
A te quest'inno di gloria,
voli a te, sornmo Iddio della vittoria.
Dio che fosti innanzi ai secoli
alle cantiche degli angeli
quest'inno di gloria or voli a
sale, ascende, l'uman cantico...

227. ¡Que éste canto vuele a tí!
A ti éste himno de gloria,
vuele a ti, Dios de la victoria.
Dios que eres eterno
que el canto de los angeles
a te en éste himno de gloria vuele
a ti, sube, asciende...

SCARPIA
V'e noto che un prigione...

228. Sabes que un preso....

CAVARADOSSI
La sua voce!

229. ¡Su voz!

SCARPIA
V'e noto che un prigione
oggi è fuggito da Castel Sant'Angelo?

230. ¿Sabes que un preso
hoy se fugó del Castel Sant'Angelo?

CAVARADOSSI
Ignoro.

231.   Lo ignoro.

SCARPIA
Eppur si pretende che voi
l'abbiate accolto in Sant'Andrea,
provvisto di cibo e di vesti...

232.   Y se dice que tu
lo ocultaste en Sant'Andrea
y le diste comida y ropas...

CAVARADOSSI
Menzogna!

233.   ¡Es mentira!

SCARPIA
...e guidato ad un vostro podere
suburbano.

234.   ...y lo guiaste a tu casa fuera
de la ciudad.

CAVARADOSSI
Nego. Le prove?

235.   Lo niego. ¿Que pruebas hay?

SCARPIA
Un suddito fedele...

236.   Un súdbito fiel...

CAVARADOSSI
Al fatto. Chi m'accusa?
i vostri birri invan frugar la villa.

237.   Al hecho. ¿Quién me acusa?
Tus agentes en vano registra ron la villa.

SCARPIA
Segno che è ben celato.

238.   Señal de que está bien oculto.

CAVARADOSSI
Sospetti di spia?

239.   ¿Sospechas que es un espia?

SPOLETTA
Alle nostre ricerche egli rideva.

240.   Se reía mientras buscábamos.

CAVARADOSSI
E rido ancor, e rido ancor.

241.   Y rio otra vez, otra vez.

SCARPIA
Questo el luogo di lagrime!
Badate! Or basta!
Rispondete!
Ov'e angelotti?

242.   ¡Este es un lugar de lágrimas!
¡Cuídate!
¡Responde!
¿En donde está Angelotti?

CAVARADOSSI
Non lo so.

243.   No lo sé.

SCARPIA
Negate d'avergli dato cibo?

244. ¿Niegas haberle dado comida?

CAVARADOSSI
Nego.

245. Lo niego.

SCARPIA
E vesti?

246. ¿Y ropa?

CAVARADOSSI
Nego.

247. Lo niego.

SCARPIA
E asilo nella villa?
E che lá sia nascosto?

248. ¿Y asilo en la villa?
¿Y que allí se esconde?

CAVARADOSSI
Nego! Nego!

249. ¡Lo niego! ¡Lo niego!

SCARPIA
Via Cavaliere, riflettete
Saggia non è cotesta ostinatezza.
Angoscia grande,
pronta confessione eviterá.
Io vi consiglio, dite:
Dov'e dunque angelotti?

250. Vamos, reflexiona
Esa obstinación no es sabia.
Una pronta confesión te evitará
un gran dolor.
Te aconsejo decir:
¿En donde está Angelotti?

CAVARADOSSI
Non lo so!

251. ¡No lo sé!

SCARPIA
Ancor l'ultima volta, dov'e?

252. ¿Por última vez, en donde está?

CAVARADOSSI
Nol so!

253. ¡No lo sé!

SPOLETTA
O bei tratti di corda!

254. ¡Basta de suspenso!

Tosca entra muy agitada, al ver a Cavaradossi corre y lo abraza.

SCARPIA
Eccola!

255. ¡Aquí está ella!

TOSCA
Mario, tu qui?

256. ¿Mario, tu aqui?

CAVARADOSSI
Di quanto lá vedesti, taci,
o m'uccidi.

257.

(A Tosca en voz baja)
Calla lo que hayas visto,
o me matarás.

SCARPIA
Mario Cavaradossi,
qual testimone il giudice v'aspetta.

Pria le forme ordinarie
Indi ai miei cenni.

258.

Mario Cavaradossi,
el juez espera tu testimonio.
(A Roberti)
Primero el procedimiento ordinario y
después de acuerdo con mis instrucciones.

El juez entra a la cámara de tortura, los demás lo siguen, dejando a Tosca y Scarpia.
Spoletta se mueve a un extremo de la habitación.

SCARPIA
Ed or fra noi parliam da buoni amici.
Via quell'aria sgomentata.

259.

Ahora hablaremos como buenos amigos.
No estés asustada.

TOSCA
Sgomento alcun non ho.

260.

No estoy asustada.

SCARPIA
La storia del ventaglio?

261.

¿El asunto del abanico?

TOSCA
Fu sciocca gelosia.

262.

Fueron celos tontos.

SCARPIA
L'Attavanti non era dunque alla villa?

263.

¿No estaba la Attavanti en la villa?

TOSCA
No, egli era solo.

264.

No, él estaba solo.

SCARPIA
Solo? Ne siete ben sicura?

265.

¿Solo? ¿Estas segura?

TOSCA
Nulla sfugge ai gelosi.
Sol, solo!

266.

Nada escapa a una celosa.
¡Estaba solo, solo!

SCARPIA
Davver?

267.

¿Deveras?

TOSCA
Solo, si!

268.

¡Solo, si!

41

SCARPIA
Quanto fuoco!
Par cher abbiate paura di tradirvi.
Sciarrone....Che dice il Cavalier?

269. ¡Cuanta pasión!
Tienes miedo de traicionarte.
Sciarrone...¿Que dice el caballero?

SCIARRONE
Nega.

270. Lo niega.

SCARPIA
Insistiamo.

271. Insistamos.

Sciarrone sale cerrando la puerta detrás de él.

TOSCA
Oh, è inutil.

272. Oh, es inútil.

SCARPIA
Lo vedremo, signora.

273. Lo veremos, señora.

TOSCA
Dunque per compiacervi
si dovrebbe mentir?

274. ¿Entonces para complacerte
se debe mentir?

SCARPIA
No, ma il vera potrebbe abbreviargli
un ora assai penosa.

275. No, pero la verdad podría abreviarle
momentos dolorosos.

TOSCA
Un'ora penosa?
Che vuol dir?
Che avviene in quella stanza?

276. ¿Momentos dolorosos?
¿Que quieres decir?
¿Que pasa en esa estancia?

SCARPIA
E forza che s'adempia la legge.

277. Está la fuerza para cumplir la ley.

TOSCA
Oh, Dio, che avvien?
Che avvien? che avvien?

278. ¿Oh Dios, que ocurrirá?
¿Que ocurrirá? ¿Que ocurrirá?

SCARPIA
Legato mani e pie
il vostro amante ha un cerchio
uncinato alle tempia
che ad ogni niego ne sprizza sangue
senza mercé.

279. Atados las manos y los pies
tu amante tiene un cincho a
la altura de las sienes y ante
cada negativa hace brotar
la sangre sin piedad.

TOSCA
Non è ver, non è ver!
Sogghigno di demone.

280. ¡No es verdad, no es verdad!
Sonrisa del demonio.

CAVARADOSSI
Ahimé!

281. ¡Ayyy!

TOSCA
Un gemito, pieta! Pieta!

282. ¡Un gemido, piedad! Piedad!

SCARPIA
Sta in voi salvarlo.

283. Está en ti salvarlo.

TOSCA
Ebben, ma cessate, cessate!

284. ¡Bién, pero paren, paren!

SCARPIA
Sciarrone, scioglete.

285. Sciarrone, aflójalo.

SCIARRONE
Tutto?

286. ¿Por completo?

SCARPIA
Tutto!
Ed or la veritá.

287. ¡Si! Por completo.
Y ahora la verdad.

TOSCA
Ch'io lo veda.

288. Que yo lo vea.

SCARPIA
No.

289. No.

TOSCA
Marío!

290. (Acercándose a la puerta)
¡Mario!

CAVARADOSSI
Tosca!

291. ¡Tosca!

TOSCA
Ti straziano ancora?

292. ¿Aun te torturan?

CAVARADOSSI
No, Coraggío, Tací.
Sprezzo il dolor.

293. No, ten valor, Calla.
Desdeño al dolor.

SCARPIA
Orsu, Tosca, parlate.

294. Vamos, Tosca, habla.

TOSCA
Non so nulla.

295. No sé nada.

SCARPIA
Non vale quella prova?
Roberti, ripigliamo.

296. ¿No vale aquella prueba?
Roberti, comienza otra vez.

TOSCA
No, fermate!

297. ¡No, detente!

SCARPIA
Voi parlerete?

298. ¿Hablarás?

TOSCA
No!
Ah, mostro, lo strazi,
Ah, mostro, lo strazi,
l'uccidi.

299. ¡No!
Ah, monstruo, lo atormentas.
Ah, monstruo, lo atormentas,
lo estás matando.

SCARPIA
Lo strazia quel vostro silenzio assai piu.

300. Lo atormenta mas tu silencio.

TOSCA
Tu ridi all'orrida pena?

301. ¿Te ríes de esta horrible pena?

SCARPIA
Mai Tosca alla scena piu tragica fu.
Aprite la porte che n'oda i lamenti!

302. Tosca nunca fué tan trágica en escena.
¡Abran la puerta para que oiga
los lamentos!

Spoletta abre la puerta.

CAVARADOSSI
Vi sfido!

303. ¡Te desafío!

SCARPIA
Piu forte! Piu forte!

304. ¡Mas fuerte! ¡Mas fuerte!

CAVARADOSSI
Vi sfido!

305. ¡Te desafío!

SCARPIA
Parlate!

306. ¡Habla!

TOSCA
Che dire?

307. ¿Que puedo decir?

SCARPIA
Su, via!

308. ¡Vamos!

TOSCA
Ah, non so nulla!
Ah, dovrei mentir?

309. ¡Ah, no sé nada!
¿Ah, debo mentir?

SCARPIA
Dite, dov'e Angelotti?
Dite, dov'e Angelotti?
Parlate, su, via, dover celato sta?
Su, via parlate! Ov'e?

310. ¿Di, en donde está Angelotti?
¿Di, en donde está Angelotti?
¡Habla, en donde se esconde?
¡Vamos, habla! ¿En donde está?

TOSCA
No! No!
Ah! Piu non posso!
Ah! Che orror!
Cessate il martir!
E troppo soffrir!
Ah, non posso piu!
Ah, non posso piu!

311. ¡No! ¡No!
¡Ah! ¡No puedo mas!
¡Ah! ¡Qué horror!
¡Que cese el martirio!
¡Es mucho sufrir!
¡Ah, no puedo mas!
¡Ah, no puedo mas!

CAVARADOSSI
Ahimé!

312. ¡Ayyy!

Tosca voltea hacia Scarpia suplicante, él la lleva hacia la puerta de la cámara de tortura
y aterrorizada ella vé a Mario.

TOSCA
Mario, consenti ch'io parli?

313. ¿Mario, me dejas hablar?

CAVARADOSSI
No, no!

314. ¡No, no!

TOSCA
Ascolta, non posso píu!

315. ¡Escucha, no puedo mas!

CAVARADOSSI
Stolta, che sai?
Che puo dir?

316. ¿Tonta, que sabes tu?
¿Que puedes tu decir?

SCARPIA
Ma fatelo tacere!

317. *(A Spoletta)*
¡Hazlo callar!

Spoletta entra a la cámara de tortura. Tosca es dominada por la emoción y cae desmayada en un sofá.
Scarpia permanece silencioso e impasible, Tosca le hable sollozante.

TOSCA
Che vo fatto in vita mia?
Son io che cosi torturate.
Torturate l'anima,
si l'anima mi torturate.

318. ¿Que te hecho?
Soy a quien estás torturando
Torturas a mi alma,
si a mi alma torturas.

SPOLETTA
Judex ergo cum sedebit
Quiquid latet apparebit
Nil inultum remanebit.

319. *Judex ergo cum sedebit*
Quiquid latet apparebit
Nil inultum remanebit.

Scarpia con una seña indica que continue el tormento.

CAVARADOSSI
Ah!

320. ¡Ahhh!

TOSCA
Nel pozzo, nel giardino!

321. ¡En el pozo, en el jardín!

SCARPIA
Lá è l'Angelotti?

322. ¿Allí está Angelotti?

TOSCA
Si!

323. ¡Si!

SCARPIA
Basta Roberti!

324. ¡Basta Roberti!

SCIARRONE
E svenuto.

325. Se ha desmayado.

TOSCA
Assassino!
Voglio vederlo!

326. ¡Asesino!
¡Quiero verlo!

SCARPIA
Portatelo qui.

327. Tráiganlo aqui.

Los agentes traen al inconsciente Mario y lo dejan en el sofá Tosca corre hacia él y queda horrorizada al verlo sangrar se arrodilla a su lado llorándo y besándolo. Sciarrone, el juez, Roberti y un agente salen, mientras Scarpia le hace seña a Spoleta y a dos agentes para que se queden.

CAVARADOSSI
Floria...

328. Floria...

TOSCA
Amore...

329. Amor...

CAVARADOSSI
Sei tu?

330. ¿Eres tu?

TOSCA
Quanto hai penato, anima mia.
Ma il giusto Iddio, lo punirá.

331. Cuánto has penado, alma mia.
Pero el justo Dios, lo castigara.

CAVARADOSSI
Tosca, hai parlato?

332. ¿Tosca, has hablado?

TOSCA
No.

333. No.

SCARPIA
Nel pozzo del giardino.
Va Spoletta.

334. En el pozo del jardín.
Vé Spoletta.

CAVARADOSSI
M'hai tradito!

335. ¡Me has traicionado!

TOSCA
Mario!

336. ¡Mario!

CAVARADOSSI
Maledetta!

337. ¡Maldita!

TOSCA
Mario!

338. ¡Mario!

SCIARRONE
Eccelenza, quali nuove!

339. *(Entra muy agitado)*
¡Excelencia, qué noticias!

SCARPIA
Che vuol dir quell'aria afflitta?

340. ¿Que me quieres decir?

47

SCIARRONE
Un messaggio di sconfitta.

341. Un mensaje de derrota.

SCARPIA
Che sconfitta? Come? Dove?

342. ¿Cual derrota? ¿Como? ¿Donde?

SCIARRONE
A Marengo!

343. ¡En Marengo!

SCARPIA
Tartaruga!

344. ¡Dímelo!

SCIARRONE
Bonaparte è vincitor!

345. ¡Bonaparte es el vencedor!

SCARPIA
Melas...

346. ¿Y Melas?...

SCIARRONE
No, Melas è in fuga!

347. ¡No, Melas ha huido!

Cavaradossi ha estado escuchando a Sciarrone con creciente ansiedad y ahora encuentra la fuerza para levantarse amenazante para enfrentarse a Scarpia.

CAVARADOSSI
Vittoria! Vittoria!
L'alba vindice appar
che fa gli empi tremar!
Libertá sorge.
Crollan tirannidi!

348. ¡Victoria! ¡Victoria!
¡Llega el alba de la venganza
que hará temblar a los impíos!
Surge la libertad.
¡Se derrumba la tiranía!

TOSCA
Mario, taci, pietá di me!

349. ¡Mario, calla, ten piedad de mi!

CAVARADOSSI
Del sofferto martir
me vedrai qui gioir.
Il tuo cor trema
o Scarpia carnefice.
Carnefice! Carnefice!

350. Del martirio que he sufrido
me verás aqui alegrarme.
Tu corazón tiembla
oh Scarpia verdugo.
¡Verdugo! ¡Verdugo!

SCARPIA

Braveggia urla!
T'affretta a palesarmi
il fondo del alma ria!
Va, moribondo!
Il capestro t'aspetta.
Va! Va!

351.

¡Fanfarrón!
¡Te apresuras a mostrarme
el fondo de tu alma culpable!
¡Vete, eres un moribundo!
¡La horca te espera!
Vé! Vé!

TOSCA

Pietá! Taci!
Non l'ascoltate!
Pietá! Pietá!
Pietá di me!

352.

¡Por piedad! ¡Calla!
¡No lo escuchen!
¡Piedad! ¡Piedad!
¡Ten piedad de mi!

SCARPIA

Portatemelo via!

353.

(A los agentes)
Llévenselo!

TOSCA

Mario...con te...

354.

Mario...contigo...

SCARPIA

Va...moribondo!

355.

¡Vete...moribundo!

TOSCA

No, no!

356.

¡No, no!

SCARPIA

Va, va!

357.

¡Vete, vete!

Sciarrone y los agentes arrastran a Mario hacia la puerta. Tosca trata de detenerlos. Aferrándose al pintor.

TOSCA

Ah!
Mario! Mario, con te, con te!

358.

¡Ah!
¡Mario! ¡Contigo, contigo!

SCARPIA

Voi no!

359.

(Tomando con violencia a Tosca,
cierra la puerta.
¡Tu no!

TOSCA

Salvatelo!

360.

¡Sálvenlo!

SCARPIA

Io? Voi!

361.

¿Yo? ¡Tu!

Se acerca a la mesa y mira su cena sin terminar, se acerca a Tosca calmado y sonriente.

SCARPIA (*continuato*)

La povera mía cena fu interrotta.
Cosi accasciata?
Via, mi bella signora, sedete quí.
Volete che cerchiamo insieme
il modo di salvarlo?
E allor sedete e favelliamo.
E intanto un sorso.
E vin di Spagna.
Un sorso per rincorarvi.

(*continuó*)

Mi pobre cena fué interrumpida.
¿Estás deprimida?
Vamos, mi bella señora, siéntate aqui.
¿Quieres que busquemos juntos
el modo de salvarlo?
Entonces, siéntate y platiquemos.
Mientras tómate un trago.
Es vino de España.
Un trago para que te animes.

Tosca se sienta frente a Scarpia, lo mira fijamente.

TOSCA

Quanto?

362. ¿Cuanto?

SCARPIA

Quanto?

363. ¿Cuanto?

TOSCA

Il prezzo.

364. El precio.

SCARPIA

Già. Mi di con venal,
ma a donna bella non mi vendo
a prezzo di moneta. No, no.
A donna bella io non mi vendo
a prezzo di moneta.
Se la giurata fede debbo tradir...
ne voglio altra mercede.
Quest'ora io l'attendeva!
Già mi struggea l'amor della diva!
Ma poc'anzi ti mirai qual non ti vidi mai!
Quel tuo pianto era lava ai sensi
miei e il tuo sguardo che odio in
me dardeggiava, mie brame inferociva!...
Agil qual leopardo
t'avvinghiasti all'amante.
Ah! In quell'istante t'ho giurato mia!
.... Mia!

365. Ya, dicen que soy venal,
pero no me vendo a una bella dama
a precio de moneda. No, no.
A dama bella yo no me vendo
a precio de moneda.
Si debo traicionar a mi juramento...
espero un pago diferente.
¡Como he esperado este momento!
¡Ya me estremece el amor de la diva!
¡Hoy te veo como si nunca te hubiera visto!
¡Tus lágrimas son como lava para
mis sentidos y tu mirada de odio,
inflama mi deseo!...
Ágil cual leopardo
te aferraste a tu amante.
¡En ese instante juré que serias mia!
.... ¡Mia!

El se aproxima a Tosca con los brazos extendidos, ella se levanta y se refugia detrás del sofá.

TOSCA
Ah!

366. ¡Ah!

SCARPIA
Si, t'avrò!

367. ¡Si, serás mía!

TOSCA
Ah!

368. ¡Ah!

SCARPIA
Si, t'avrò!

369. ¡Si, serás mía!

TOSCA
Ah, píuttosto giu m'avvento!

370. *(Corre hacia la ventana)*
¡Ah, antes salto!

SCARPIA
In pegno, il Mario tuo mi resta.

371. En prenda, Mario me queda.

TOSCA
Ah, miserable!
L'orribil mercato!

372. ¡Ah, miserable!
¡El horrible mercado!

Se le ocurre la idea de acudir a la reina y corre hacia la puerta.

SCARPIA
Violenza non tí farò
Sei libera. Va pure.
Ma è fallace speranza: la Regina
farébbe grazia ad un cadavere.
Come tu m'odi!

373. No usaré la violencia contigo
Eres libre. Adelante.
Pero es falsa esperanza: la reina
daría su perdón a un cadáver.
Como me odias!

TOSCA
Ah, Dio!

374. ¡Ah, Dios!

SCARPIA
Cosi, cosi ti voglio!

375. ¡Así, así te quiero!

TOSCA
Non toccarmi, demonio.
T'odio, t'odío, t'odio
abietto, vile!

376. No me toques, demonio.
¡Te odio, te odio, te odio
depravado, vil!

Ella se aleja corriendo aterrorizada.

SCARPIA
Che importa?
Spasimi d'ira, spasimi d'amore!

377. ¿Que importa?
¡Espasmos de ira, espasmos de amor!

TOSCA
Vile!

378. ¡Vil!

SCARPIA
Mia!

379. ¡Mia!

TOSCA
Aiuto!

380. ¡Auxilio!

SCARPIA
Mia!

381. ¡Mia!

TOSCA
Aiuto!

382. ¡Auxilio!

SCARPIA
Mia!

383. ¡Mia!

TOSCA!
Aiuto!

384. ¡Auxilio!

Se escucha a la distancia el sonido de tambores.

SCARPIA
Odi?
E il tamburo. S'avvia guida
la scorta ultima ai condannati.
Il tempo pasa!
Sai quale oscura opra laggiu si compia?
Lá si drizza un patibolo.
Al tuo Mario, per tuo valer
non resta che un'ora di vita.

385. ¿Oyes?
Son los tambores. Que guían
a los condenados en su ultima jornada.
¡El tiempo pasa!
¿Sabes cual obra obscura se concluye allí?
Allí se alza un patíbulo.
A tu Mario, según tu decisión
no le queda mas que una hora de vida.

Tosca, llena de dolor sufre un colapso y cae al sofá. Scarpia la mira friamente.

TOSCA
Vissi dárte, vissi d'amore
non feci mai male ad anima viva
Con man furtiva
quante misere copobbi aiutai.

386. Viví para el arte y el amor
no le hice mal a ningún alma viva.
Con mano furtiva
a cuanta gente he ayudado.

TOSCA (*continuato*)
Sempre con fe sincera
la mia preghiera ai tabernacoli Sali.
Sempre con fe sincera
diedi fiori agli altar.
Nell'ora del dolore
perché perché Signore,
perché me ne rimuneri cosi?
Diedi gioielli della Madonna al manto.
E diedi il canto agli astri
al ciel, che ne ridean piu belli.
Nell'ora del dolor.
Perché, perché Signor,
ah, perché me ne rimuneri cosi?

SCARPIA
Risolvi!

TOSCA
Mi vuoi supplice ai tuoi piedi?
Vedi, la man giunte io stendo a te ecco,
vedi, e mercé d'un tuo detto
vinta aspetto.

SCARPIA
Sei troppo bella, Tosca
e troppo amante.
Cedo.
A misero prezzo tu, a me una vita,
io a te chieggo un istante!

TOSCA
Va, va mi fai ribrezzo!
Va, Va!

SCARPIA
Chi è lá?

SPOLETTA
Eccelenza, l'Angelotti al nostro
giungere s'uccise.

(*continuó*)
Siempre con fé sincera
mis plegarias al tabernáculo suben.
Siempre con fé sincera
llevé flores al altar.
¿En la hora del dolor
porqué, porqué Señor,
me remuneras asi?
Dí joyas para el manto de la Madona.
Y ofrecí mi canto a las estrellas
para embellecer al cielo.
En la hora del dolor.
¿Porqué, porqué Señor,
ah, porqué me remuneras asi?

387. ¡Decide!

388. ¿Quieres que suplique a tus pies?
Mira extiendo mis manos juntas hacia ti,
mira, espero vencida la
gracia de tus palabras.

389. Eres muy bella, Tosca
y muy seductora.
Cedo.
¡Por mísero precio, pides una vida,
yo te pido un instante!

390. ¡Vete, me repugnas!
¡Vete, vete!

Tocan la puerta.

391. ¿Quién es?

392. (*Muy agitado*)
Excelencia, Angelotti se suicidó
cuando llegamos.

SCARPIA
Ebben, lo si appenda morto alle forche.
E l'altro prigioner?

393.

Bien, cuélguenlo de una horca.
¿Y el otro prisionero?

SPOLETTA
Il cavalier Cavaradossi.
E tutto pronto, Eccelenza.

394.

El señor Cavaradossi.
Todo está listo, Excelencia.

TOSCA
Dio m'assisti!

395.

¡Dios me asista!

SCARPIA
Aspetta.

Ebbene?

396.

(A Spoletta)
Espera.
(A Tosca)
¿Y bién?

Ella asiente con la cabeza llorando de vergüenza.

(A Spoletta)
Oye...

Odi...

TOSCA
Ma libero all'istante lo voglio.

397.

Pero lo quiero libre al instante.

SCARPIA
Occorre simular.
Non posso far grazia aperta.
Bisogna che tutti abbian per
morto il cavalier.

Quest'uomo fido provvedrá.

398.

Tenemos que simular.
No puedo dar perdón abierto.
Debe hacerse de modo que todos
dén por muerto al caballero.
(Señalando a Spoletta)
Este hombre fiel, lo arreglará.

TOSCA
Chi m'assiccura?

399.

¿Que seguridad tengo?

SCARPIA
L'ordin che gli dará voi qui presente.
Spoletta, chiudi.
Ha mutato d'avviso.
Il prigionier sia fucilato, attendi
come facemmo del cante Palmieri.

400.

Daré la orden en tu presencia.
Spoletta, cierra la puerta.
He cambiado de parecer.
Que el prisionero sea fusilado
como lo hicimos con el conde Palmieri.

*Scarpia mira intencionadamente a Spoletta quien asiente con la cabeza dando
a entender que comprendió la orden.*

SPOLETTA
Un uccisione.

401. Una ejecución.

SCARPIA
...simulata.
Come avvenne del Palmieri.
Hai ben compreso?

402. ...simulada.
Como se hizo con Palmieri.
¿Has comprendido bién?

SPOLETTA
Ho ben compreso.

403. He comprendido bien.

SCARPIA
Va!

404. ¡Adelante!

TOSCA
Voglio avvertirlo io stessa.

405. Quiero decírselo yo misma.

SCARPIA
E sia.

Le darai passo.
Bada, all'ora quarta.

406. De acuerdo.
(A Spoletta)
Le darás paso.
Recuerda a las cuatro.

SPOLETTA
Si, come Palmieri.

407. Si, como a Palmieri.

Spoletta sale. Scarpia con su rostro transformado se aproxima con lujuria a Tosca.

SCARPIA
Io tenni la promessa.

408. Cumplí mi promesa.

TOSCA
Non ancora.
Voglio un salvocondotto,
onde fuggir dallo Stato con lui.

409. Todavía no.
Quiero un salvoconducto,
para huir del estado con él.

SCARPIA
Partir dunque volete?

410. ¿Quieres partir?

TOSCA
Si, per sempre.

411. Si para siempre.

SCARPIA
Si adempia il voler vostro.

412. Se cumplirá tu deseo.

Va al escritorio y empieza a escribir, pregunta a Tosca:

SCARPIA (*continuato*)
E qual via scegliete?

(*continuó*)
¿Cual ruta escoges?

TOSCA
La piu breve!

413. ¡La mas corta!

SCARPIA
Civitavecchia?

414. ¿Civitavecchia?

TOSCA
Si.

415. Si.

Mientras Scarpia escribe, Tosca va hacia la mesa, toma el vaso de vino que ha servido Scarpia y vé un filoso y puntiagudo cuchillo mira a Scarpia que continua escribiendo y con precaución lo toma y lo oculta detrás de su espalda. Se recarga en la mesa. Scarpia termina de escribir el salvoconducto; lo sella y lo dobla luego con sus brazos abiertos se acerca a Tosca para abrazarla.

SCARPIA
Tosca, finalmente mia!

416. ¡Tosca, finalmente mia!
(*Tosca lo hiere en el pecho.*)

Maledetta!

¡Maldita!

TOSCA
Questo è il bacio di Tosca!

417. ¡Este es cl beso de Tosca!

Scarpia se tambalea, trata de alcanzar a Tosca que camina hacia abtrás horrorizada.

SCARPIA
Aiuto, muoio, soccorso, muoio, ah!

418. ¡Auxilio, muero, auxilio, muero, ah!

TOSCA
Ti soffoca il sangue?

419. ¿Te sofoca la sangre?

SCARPIA
Soccorso!

420. ¡Auxilio!

TOSCA
Ti soffoca il sangue?

421. ¿Te sofoca la sangre?

SCARPIA
Aiuto!

422. ¡Auxilio!

TOSCA
Ah!

423. ¡Ah!

SCARPIA
Muoio, muoio!

424. ¡Muero, muero!

TOSCA
E ucciso da una donna!

425. ¡Es muerto por una mujer!

SCARPIA
Aiuto!

426. ¡Auxilio!

TOSCA
M'hai assai torturata!

427. ¡Me has torturado bastante!

SCARPIA
Soccorso, muoio!

428. ¡Socorro, muero!

TOSCA
Odi tu ancora?
Parla! Guardami, son Tosca!
O, Scarpia!

429. ¿Aun me puedes oír?
¡Habla! ¡Mírame, soy Tosca!
¡Oh, Scarpia!

SCARPIA
Soccorso, aiuto!

430. ¡Socorro, auxilio!

TOSCA
Ti soffoca il sangue?

431. ¿Te sofoca la sangre?

SCARPIA
Muoio.

432. Muero.

TOSCA
Mupri dannato!
Muori! Muori! Muori!

433. ¡Muere maldito!
¡Muere! ¡Muere! ¡Muere!

SCARPIA
Ah!

434. ¡Ah!

TOSCA
E morto.
Or gli perdono.

435. Está muerto.
Ahora lo perdono.

Sin dejar de mirar a Scarpia, ella va a la mesa y toma una botella con agua.
Moja una servilleta y se limpia sus manos.
Busca el salvo conducto sobre la mesa pero no está ahí y lo vé en la mano de Scarpia,
lo toma lo guarda en su regazo y exclama.

TOSCA (*continuato*)
E avanti a lui tremava tutta Roma!

(continuó)
¡Y delante de él temblaba toda Roma!

Ella está a punto de irse, pero siente remordimiento y toma dos candelabros,
los enciende con la llama de una vela que está en la mesa y pone uno a cada lado de la cabeza de Scarpia.
Descuelga un crucifijo de la pared y lo coloca sobre el pecho de Scarpia.
Se levanta y sale de la habitación, cerrando la puerta detrás de ella.

Acto III

El patio del Castel Sant'Angelo.
A la izquierda una casamata, al frente una mesa con una lámpara, y una silla y un banco.
Un crucifijo colgado en la pared de la casamata y una lámpara colgada enfrente.
A la derecha una puerta que da a una escalera.
A la distancia se vé el Vaticano y San Pedro. Es de noche, el cielo claro y las estrellas brillan.

UN PASTOR

Io dé sospiri te ne rimanno tanti pé quante foje ne smoveno li venti. Tu me disprezzi io me ciaccoro, lampena d'oro me fai morir!	436. Yo te envió suspiros tantos como hay hojas llevadas por el viento. ¡Tu me desprecias y me rompe el corazón, lámpara de oro me hace morir!

A punto de amanecer, suenan las campanas de la mañana.
Un carcelero con una linterna sube por la escalera, va a la casamata y enciende la lámpara que está colgada
enfrente del crucifijo, después, va a la parte trasera del patio a verificar si el piquete de soldados con el
condenado ha arrivado, vuelve a la casamata y se sienta a esperar. Un piquete al mando de un sargento llega
al patio escoltando a Cavaradossi quien es introducido a la casamata. El sargento entrega un papel al
carcelero que abre el libro de registro y escribe en él mientras interroga a Cavaradossi.

CARCELERO

Mario Cavaradossi?   437.   ¿Mario Cavaradossi?

Mario asiente con una seña.
El carcelero le dá la pluma al sargento quien firma el registro
y se retira con el piquete de soldados a Cavaradosi.

Vi resta un'ora. Un sacerdote, i vostrí cenni attende.	Te queda una hora. Un sacerdote, espera tu seña.

CAVARADOSSI

No, ma un'ultima grazia io vi richíedo.   438.   No, pero pido una gracia.

CARCELERO

Se posso.   439.   Si puedo.

CAVARADOSSI

Io lascio al mondo una persona cara.
Consentite ch'io le scriva un sol motto.

Unico resto de mia ricchezza è questo anel.
Se prommettete di consegnarle
il mío ultimo addio, esso è vostro.

440. Yo dejo en el mundo a una persona querida.
Consiente en que yo le escriba
una sola palabra.
(*Se quita un anillo del dedo.*)
Lo único que me queda de mi riqueza
es éste anillo.
Si prometes darle mi último adiós será tuyo.

CARCELERO

(*después de dudar acompaña a Mario hasta la mesa*)
Scrivete.

441. Escribe.

Cavaradossi empieza a escribir, luego se torna pensativo y sus pende la escritura.

CAVARADOSSI

E lucevan le stelle
e olezzava la terra,
stridea l'uscio dell'orto
e un passo sfiorava la rena.
Entrava ella fragrante
mi cadea fra le braccia.
Oh! dolci baci, o languide carezze
mentr'io fremente
le belle forme disciogliea dai veli!
Svani per sempre il sogno
mio d'amore l'ora è fuggita,
e muoio disperato, e muoio disperato.
E non ho amato mai tanto la vita,
tanto la vita!

442. Y brillaban las estrellas
y olía la tierra,
chirriaba la puerta del huerto
y un paso marcaba la arena.
Entraba ella fragante
y caía entre mis brazos.
¡Oh! ¡Dulces besos, oh lánguidas
caricias, mientras yo tembloroso
a sus bellas formas quitaba el velo!
Desvanecido para siempre
mi sueño de amor, la hora se ha ido,
y muero desesperado, y muero desesperado.
¡Nunca he amado tanto
a la vida, tanto a la vida!

Rompe en llanto y se cubre la cara con las manos.

*Spoletta llega con el sargento, seguido por Tosca y le muestra en donde se encuentra Cavaradossi
y al verlo corre hacia él, le levanta la cara con ambas manos y le enseña el salvoconducto.*

CAVARADOSSI

Ah! Franchigia a Floria Tosca.

443. ¡Ah! Franquicia para Floria Tosca.

TOSCA, CAVARADOSSI

...e al cavaliere che l'accompagna

444. ...y al caballero que la acompaña.

TOSCA

Sei libero!

445. ¡Eres libre!

CAVARADOSSI
Scarpia!
Scarpia che cede?
La prima sua grazia è questa.

TOSCA
E l'ultima!

CAVARADOSSI
Che dici?

TOSCA
Il tuo sangue o il mio amore volea...
Fur vani scongiuri e pianti.
Invan, pazza d'orror,
alla Madonna volsi a ai Santi...
L'empío mostro dicea:
già nei cieli il patíbol le braccia leva!
Rullavano i tamburi...
Rideva, l'empio mostro...rideva...
già la sua preda pronto a ghermir!
"Sei mia" — Si —
Alla sua brama mi promise
Li presso luccicava una lama...
Ei scrisse il foglio liberator,
venne all'orrendo amplesso...
Io quella lama gli plantai nel cor.

CAVARADOSSI
Tu?
Di tua man l'uccidesti?
Tu pia, tu benigna, e per me?

TOSCA
N'ebbi le man tutte lorde di sangue!

CAVARADOSSI
O dolci mani mansuete e pure,
o mani elette a bell'opre pietose
a carezzar fanciulli, a coglier rose
a pregar, giunte per le sventure.

446. *(Mira el salvoconducto y lee la firma)*
¡Scarpia!
¿Cedió Scarpia?
Esta es su primera gracia.

447. ¡Y la última!

448. ¿Que dices?

449. El quería tu sangre o mi amor...
Fueron vanos ruegos y llanto.
Enloquecida, de horror en vano
acudí a la Madona y a los Santos...
¡El cruel monstruo dijo que:
ya en el cielo el patíbulo es erigido!
Sonaban los tambores...
¡Reía el impío monstruo...reía...
listo para tomar su presa!
"Se mia" — Si —
A su deseo prometí acceder.
Cerca brillaba un cuchillo...
El escribía el papel liberador,
viene a darme el horrendo abrazo...
Y yo le planté el cuchillo en el corazón.

450. ¿Tu?
¿Con tu mano lo mataste?
¿Tu, devota, tan buena, y por mi?

451. ¡Mis manos llenas de sangre!

452. Oh dulces manos inocentes y puras,
que fueron elegidas para las bellas obras,
para acariciar niños, para recoger rosas
y juntarse para rezar por los desventurados.

CAVARADOSSI (*continuato*)
Dunque in voi fatte dall'amor
secure, giustizia le sue sacre armi depose?
Voli deste morte, o man vittoriose
o dolci mani mansuete e pure!

TOSCA
Senti, l'ora è vicina
io già raccolsi oro e gioielli,
una vettura è pronta.
Ma prima, ridi amor,
prima sarai fucilato
per finta ad armi scariche.
Simulato supplizio
Al colpo cadi i soldati
sen vanno, e noi siam salvi.
Poscia a Civitavecchia,
una tartana e via pel mar!

CAVARADOSSI
Liberi!

TOSCA
Liberi!

CAVARADOSSI
Via pel mar!

TOSCA
Chi si duole in terra piu?
Senti effluvi di rose?
Non ti par che le cose aspettan
tutte innamorate il sole?

CAVARADOSSI
Amaro sol per te m'era il morire,
da te la vita prende ogni splendore,
all'esser mio la gioia ed il desire
nascon di te, come di fiamma ardore.
Io folgorare i ciel e scolorire
vedrò nell'occhio tuo rivelatore,
e la beltá delle cose piu mire
avrá sol da tu voce e colore.

(*continuó*)
¡La justicia entonces confió
sus armas sagradas a esas manos?
¡Ustedes victoriosas manos lidiaron
con la muerte, oh manos gentiles y puras!

453. Escucha, se acerca la hora
ya junté el oro y las joyas,
un carruaje está listo.
Pero primero, ríe amor,
primero serás fusilado
con balas de salva.
Ejecución simulada
Cae al suelo cuando disparen los soldados
se irán y nosotros estaremos salvados.
¡Saldremos por Civitavecchia,
tomaremos un bote y nos iremos por mar!

454. ¡Libres!

455. ¡Libres!

456. ¡Saldremos por mar!

457. ¿Quien se duele en ésta tierra?
¿Sientes aroma de rosas?
¿No te parece que las cosas esperan
enamoradas al sol?

458. Morir me era amargo solo por ti,
de ti la vida toma todo el esplendor,
de mi ser la alegría y el deseo nacido de
ti como flama ardiente.
Veré los cielos fulgurar
y obscurecer en tus ojos reveladores,
y la verdad de las cosas
tomará su voz y color de ti.

TOSCA

Amor che seppe a te vita serbare,
ci sará guida in terra e in mar nocchier.
E vago fará il mondo a riguardare.
Finché congiunti alle celesti sfere diliguerem,
siccome alte sul mare
a sol cadente, nuvole leggere!

E non giungono.
Bada! al colpo egli è mestiere
che tu subito cada

CAVARADOSSI

Non temere,
che cadrò sul momento e al naturale.

TOSCA

Ma starnmi attento di non farti male
con scenica scienza
io saprei la movenza.

CAVARADOSSI

Parlami ancor come dianzi parlavi
è cosi dolce il suon della tua voce!

TOSCA

Uniti ed esulanti
diffonderem pel mondo i nostri amori
armonie di colori...

TOSCA, CAVARADOSSI

...armonie di canti diffonderem.
Trionfal di no va speme
l'anima freme
in celestial crescente ardor,
ed in un armonico vol
già l'anima va all'estasi d'amor.

TOSCA

Gli occhi ti chiuderò con mille baci.
E mille ti darò nomi d'amore.

459. El amor que te mantuvo vivo será,
nuestra guía en tierra y piloto en el mar.
Y hará al mundo verse hermoso.
¡Hasta que unidos en el cielo
nos desvaneceremos alto en el cielo
como nubes, ligeras al caer el sol!
(Mira a su alrededor)
No hay nadie.
¡Recuerda! Caer al suelo
al primer disparo.

460. No temas,
caeré en el momento al natural.

461. No te vayas a lastimar
con mi experiencia en escena
sabré como moverme.

462. ¡Háblame otra vez como antes
el sonido de tu voz es tan dulce!

463. Unidos en el exilio
difundiremos por el mundo
nuestro amor, armonía de colores...

464. ...armonía de cantos difundiremos.
Triunfantes nuestras al mas palpitantes
con nueva esperanza
de celestial creciente,
pasión que en armonía
quiere llevar al alma al éxtasis de amor.

465. Te cerraré los ojos con mil besos.
Y te diré mil nombres de amor.

Una escuadra de soldados llega al mando de un oficial, Spoletta, el sargento y el carcelero los siguen.
Spoletta dá las instrucciones. Está cercano el amanecer. Cuatro campanadas anuncian la hora.
El carcelero se acerca a Cavaradossi.

CARCELERO
L'ora.

466. Es la hora.

CAVARADOSSI
Son pronto.

467. Estoy listo.

TOSCA
Tieni a mente, al primo colpo giu!

468. ¡Recuerda, caer al primer tiro!

CAVARADOSSI
Giu.

469. Caeré.

TOSCA
Né rialzarti innanzi ch'io ti chiami.

470. No te levantes hasta que yo te llame.

CAVARADOSSI
No, amore!

471. ¡No, amor!

TOSCA
E cadi bene.

472. Y cae bién.

CAVARADOSSI
Come la Tosca in teatro.

473. Como Tosca en el teatro.

TOSCA
Non ridere.

474. No te rías.

CAVARADOSSI
Cosi?

475. ¿Asi?

TOSCA
Cosi.

476. Asi.

Cavaradossi besa a Tosca, luego sigue al oficial.
Ella se queda en la casamata, en posición de ver lo que suceda.
El carcelero trata de vendar a Mario pero él se rehúsa sonriente.

TOSCA

Come è lunga l'attesa!	477. ¡Como es larga la espera!
Perché indugiano ancor?	¿Porqué se tardan?
Giá surge il sole,	¿Ya sale el sol,
perché indugiano ancora?	porqué se tardan tanto?
E una commedia lo so,	Es una comedia lo sé,
ma questa angoscia eterna pare.	esta ansiedad me parece eterna.

El oficial y el sargento dan las ordenes convenientes.

Ecco, apprestano l'armi!	¡Ahora, apuntan sus armas!

Cuando vé al oficial listo para bajar su espada se cubre los oídos los soldados disparan. Mario cae...

Com'e bello mio Mario!	¡Como es bello mi Mario!
Lá! Muori!	¡Ahi! ¡Muere!
Ecco un artista!	¡He ahí un artista!

El sargento se acerca al cuerpo y lo mira con cuidado,
Spoletta también se acerca y despide al sargento indicándole que no le dé el tiro de gracia.
Cubre a Cavaradossi con un manto.
El oficial retira a los soldados y el sargento ordena al centinela que se retire.
Tosca está temerosa de que Mario se mueva entes de tiempo.

O Mario, non ti muovere.	Oh Mario, no te muevas.
S'avviano, taci!	¡Ya se van, quédate quieto!
Vanno, scendono, scendono.	Ellos van bajando, bajando.
Ancora non ti muovere.	No te muevas aun.

Se inclina sobre el parapeto para mirar hacia abajo y luego corre hacia Cavaradossi.

Presto, su! Mario! Mario!	¡Rápido! ¡Mario! ¡Mario!
Su, presto, andiam!	¡Rápido, vamos!
Su! Su! Mario! Mario!	¡Arriba Mario! ¡Mario!

Ella toca el cuerpo de Cavaradossi.

Ah! Morto!...Morto!...Morto!	¡Ah! Muerto!...¡Muerto!...¡Muerto!

Se tiende sobre el cuerpo de Cavaradossi.

TOSCA (*continuato*)
O Mario, morto? Tu? Cosi?
Finire casi? Finire cosi?

(*continuó*)
¿O Mario, muerto? ¿Tu? ¿Asi?
¿Terminar asi? ¿Terminar asi?

Se escuchan los gritos de Sciarrone, de Spoletta y de algunos soldados.

Tu morto! Morto!
Mario! Povera Floria tua!
Mario! Mario!

¡Tu, muerto! ¡Muerto!
¡Pobre de tu Floria!
¡Mario! ¡Mario!

VOCES
Vi dico, pugnalato!
Scarpia?
La donna è Tosca!
Che non sfugga!
Attenti agli sbocchi delle scale!

478.   ¡Te digo que apuñalado!
¿Scarpia?
¡La mujer es Tosca!
¡Que no escape!
¡Cuiden las salidas de la escalinata!

Spoletta y Sciarrone aparecen en lo alto de la escalinata.

SCIARRONE
E lei!

479.   ¡Es ella!

SPOLETTA
Ah! Tosca, pagherai ben cara la sua vita!

480.   ¡Ah! ¡Tosca, pagarás bien cara su vida!

TOSCA
Colla mia!

481.   ¡Con la mia!

Spoletta trata de atrapar a Tosca, ella lo empuja y corre hacia el parapeto.

O Scarpia, avanti Dio!

¡Oh Scarpia, delante de Dios!

Se lanza al vacio todos corren a ver.
Spoletta queda sin habla.

FIN

Biografia de Giacomo Puccini

El matrimonio de Michele Puccini y Albina Magi vivía en la pequeña población de Lucca en el norte de Italia; inicialmente procreó a seis hijas y finalmente el 22 de diciembre de 1858, nace un varón a quien ponen el nombre de Giacomo, como era tradicional en la familia.

Michele el padre, muere a la edad de 51 años, cuando nuestro personaje tenia solo 5 años. La familia tenia una reducida pensión del municipio. Puccini aprende a tocar el órgano y se presenta a tocarlo en las pequeñas comunidades que rodean a Lucca. Puccini compone un motete que es presentado por primera vez en la iglesia de San Paolino en Lucca.

Giacomo viaja a pie a Pisa para presenciar la *Aida* de Verdi y entonces decide dejar la música sacra y dedicarse al arte operístico.

La Reina Margarita de Italia, le concede un subsidio, y gracias a él logra entrar como alumno al Conservatorio de Milán. Durante un tiempo compartió su vivienda con Pietro Mascagni, autor de *Cavalleria Rusticana*.

En 1883, en el Conservatorio de Milán, a manera de graduación se ejecuta con mucho éxito su "Capriccio Sinfonico." Ahí termina su vida de estudiante.

El 31 de Mayo de 1884, presenta muy exitosamente su ópera *Le Villi* en el Teatro dal Verme de Milán.

Durante su romance con una mujer casada de nombre Elvira Gemignani, de ve obligado a huir de Lucca, llevando consigo a Fosca la hija de su concubina. En Diciembre de 1886 nace en Monza, Antonio el único hijo de ambos.

En 1889 se estrena en La Scala Edgar, la segunda ópera de Puccini que fue Acogida fríamente por la audiencia.

Un resonante éxito lo constituyó el estreno de *Manon Lescaut* el primero de Febrero de 1893, en el Teatro Regio de Turín.

Después de éste triunfo, la Editorial Ricordi adquiere los derechos de sus obras a cambio de una renta vitalicia con lo cual aumentan considerablemente sus ingresos y es así como logra comprar la casa de la familia en Lucca que había sido vendida después del deceso se su madre.

Las 9 operas que siguieron a las ya mencionadas fueron en general muy bien recibidas por el público, de Europa y América y la fama del compositor creció enormemente.

El 25 de Enero de 1903 sufre un grave accidente automovilístico que le fractura una de las piernas y le impide trabajar en la composición operística durante un largo tiempo. Para entonces ya se había mudado a su nueva y elegante casa en Torre del Lago.

Puccini contrae matrimonio con Elvira el 3 de Enero de 1904.

En 1908, la vida de Puccini se vé alterada por el suicidio de Doria Manfredi impulsada por los irracionales celos de Elvira. La joven Doria, estuvo a cargo de los cuidados para el compositor, durante su larga convalecencia. Con éste episodio la relación de Puccini y Elvira sufre una ruptura irreparable.

En 1912 Puccini comienza una relación amorosa con la baronesa alemana Josephine von Stängel.

Para 1924 la salud de Puccini se encuentra muy deteriorada debido al cáncer de garganta que padece y el 4 de Noviembre se dirige a Bruselas Bélgica en donde será sometido como último recurso a una cirugía. La operación no tiene éxito y el compositor fallece el 29 de Noviembre de 1924 a las 11;30 de la mañana.

El 1 de Diciembre hubo un impresionante cortejo fúnebre en Milán y ceremonias póstumas el día 3 de Diciembre. Su inhumación transitoria fue en la bóveda de la familia Toscanini.

Operas de Puccini

Le Villi	*Edgar*	*Manon Lescaut*	*La Bohemia*
Tosca	*Madam Butterfly*	*La Rondine*	*La Fanciulla del West*
Il Tabarro	*Suor Angelica*	*Gianni Schichi*	*Turandot*

Acerca de Estas Traducciones

El Dr. Eduardo Enrique Prado Alcalá nació en 1937 en el norte de México, estudió la carrera de medicina y se especializó en cáncer ginecológico y cáncer de mama.

Ejerció su carrera durante 40 años y finalmente llegó a la edad del retiro.

Desde la edad de 42 años, se hizo aficionado a la ópera y a la música clásica y formó parte de un grupo de amigos aficionados a estas disciplinas. Tuvo la oportunidad de asistir a funciones operísticas en la Ciudad de México, en Guadalajara México, en Toluca México, en Mazatlán México, en Seattle, en Madrid y en Londres. Organizó en la Ciudad de Mazatlán tres conciertos de música clásica, uno de ellos en la catedral.

Jugum Press y Ópera en Español

Prensa publica estas traducciones de ópera por Dr. E.Enrique Prado:

Vincenzo Bellini:
Norma

Georges Bizet:
Carmen

Gaetano Donizetti:
Anna Bolena, Don Pasquale, Lucia di Lammermoor,
Lucrezia Borgia

Ruggero Leoncavallo:
I Pagliacci

Pietro Mascagni:
Cavalleria Rusticana

Wolfgang Amadeus Mozart:
Die Zauberflöte, Don Giovanni, Le Nozze di Figaro

Giacomo Puccini:
La Boheme, La Fanciulla del West, Madama Butterfly, Manon Lescaut, Tosca
El Tríptico: Gianni Schicchi, Suor Angelica, Il Tabarro

Giacchino Rossini:
Il Barbiere Di Siviglia, La Cenerentola

Giuseppe Verdi:
Aida, Un Ballo in Maschera, Don Carlo, Ernani, Falstaff, La Forza del Destino,
I Lombardi, Macbeth, Nabucco, Otello, Rigoletto, Simon Boccanegra, La Traviata,
Il Trovatore

Para información y disponibilidad, por favor vea
www.operaenespanol.com
Correo: JugumPress@outlook.com
Síganos en Twitter: @jugumpress
Regístrate para nuestras noticias: http://eepurl.com/5m7tj